Михаил Ващенко

Хорватский консул

Михаил Ващенко

Хорватский консул

Общественно-политическая деятельность Крунослава Геруца в России в 1880 – 1930-е гг.

LAP LAMBERT Academic Publishing

Impressum / Выходные данные

Bibliografische Information der Deutschen Nationalbibliothek: Die Deutsche Nationalbibliothek verzeichnet diese Publikation in der Deutschen Nationalbibliografie; detaillierte bibliografische Daten sind im Internet über http://dnb.d-nb.de abrufbar.

Alle in diesem Buch genannten Marken und Produktnamen unterliegen warenzeichen-, marken- oder patentrechtlichem Schutz bzw. sind Warenzeichen oder eingetragene Warenzeichen der jeweiligen Inhaber. Die Wiedergabe von Marken, Produktnamen, Gebrauchsnamen, Handelsnamen, Warenbezeichnungen u.s.w. in diesem Werk berechtigt auch ohne besondere Kennzeichnung nicht zu der Annahme, dass solche Namen im Sinne der Warenzeichen- und Markenschutzgesetzgebung als frei zu betrachten wären und daher von jedermann benutzt werden dürften.

Библиографическая информация, изданная Немецкой Национальной Библиотекой. Немецкая Национальная Библиотека включает данную публикацию в Немецкий Книжный Каталог; с подробными библиографическими данными можно ознакомиться в Интернете по адресу http://dnb.d-nb.de.

Любые названия марок и брендов, упомянутые в этой книге, принадлежат торговой марке, бренду или запатентованы и являются брендами соответствующих правообладателей. Использование названий брендов, названий товаров, торговых марок, описаний товаров, общих имён, и т.д. даже без точного упоминания в этой работе не является основанием того, что данные названия можно считать незарегистрированными под каким-либо брендом и не защищены законом о брендах и их можно использовать всем без ограничений.

Coverbild / Изображение на обложке предоставлено: www.ingimage.com

Verlag / Издатель:
LAP LAMBERT Academic Publishing
ist ein Imprint der / является торговой маркой
AV Akademikerverlag GmbH & Co. KG
Heinrich-Böcking-Str. 6-8, 66121 Saarbrücken, Deutschland / Германия
Email / электронная почта: info@lap-publishing.com

Herstellung: siehe letzte Seite /
Напечатано: см. последнюю страницу
ISBN: 978-3-659-18328-7

Copyright / АВТОРСКОЕ ПРАВО © 2012 AV Akademikerverlag GmbH & Co. KG
Alle Rechte vorbehalten. / Все права защищены. Saarbrücken 2012

Оглавление

Введение

В истории хорватско-российских общественно-политических и культурных связей особое место занимает Крунослав (или Крунислав) Юрьевич Геруц (1859 – после 1934), политический деятель, предприниматель и публицист. В отличие от более известных хорватских общественно-политических деятелей, контактировавших с Россией, таких как главный идеолог хорватского югославизма Й.Ю. Штроссмайер, один из основоположников хорватского национализма Е. Кватерник или лидер хорватской крестьянской партии С. Радич, он не снискал широкого признания. Тем не менее, деятельность Геруца в России, где он прожил почти 50 лет, представляет несомненный интерес для исследователей. Недаром С. Радич в статье о Геруце, опубликованной в 1909 г. в загребской газете «Новости», назвал его «хорватским консулом в Петербурге»[1].

И с Радичем сложно не согласиться. «Российский» этап в жизни Геруца, который начался в 1887 г., продолжался около полувека, «захватив» как дореволюционный, так и советский периоды. За это время он успел проявить себя в самых различных сферах. В последние несколько десятилетий деятельность Геруца, направленная на культурное сближение славянских народов, исследовалась историками разных стран. Так, о Геруце писала, в частности, Л.И. Ровнякова, которая посвятила статью его главному коммерческому предприятию в России – «Русско-славянскому книжному магазину», имевшему и немалое культурное значение[2]. Имя Геруца упоминалось некоторыми исследователями (А. Флакер, И.М. Порочкина) в связи с распространением в Хорватии «Народных рассказов» Л.Н. Толстого[3], запрещенными российской цензурой и вывезенных им в Австро-Венгрию.

---

[1] Novosti. 1909. №.91.

[2] *Ровнякова Л.И.* Русско-славянский книжный магазин в Санкт-Петербурге (1887–1893) // Зарубежные славяне и русская культура. Л., 1978. С. 82–105.

[3] *Порочкина И.М.* Сербские, хорватские и словенские книги в личной библиотеке Л.Н. Толстого // Русско-югославские литературные связи. Вторая половина XIX – начало XX вв. М., 1975. С. 303–314; *Flaker Aleksandar.* Tolstojeve „Pučke pripovijesti" u Hrvatskoj // *Flaker Aleksandar.* Književne poredbe. Zagreb, 1968. S. 318–330.

Болгарский период в жизни К. Геруца достаточно подробно исследовал С. Елдыров[4]. К биографии Геруца (в частности, к его деятельности в период Первой мировой войны и в первые послереволюционные годы) обращался Е.Ф. Фирсов[5]. Но практически никто из исследователей не писал об общественно-политической деятельности Геруца в дореволюционной России. Среди историков, упоминавших об этой стороне его биографии, можно назвать советского и хорватского исследователя И. Очака[6], а также М. Гросс и С. Маткович, вскользь упоминавших о его пропагандистской деятельности[7]. Но попытки более детально проанализировать стремления Геруца сделать известными в России идеи хорватского «эксклюзивного национализма», которые проповедовала близкая ему по взглядам Партия права[8], еще никем до сих пор не предпринимались[9].

Поэтому в настоящей работе будет сделан акцент именно на эту пропагандистскую сторону деятельности Крунослава Геруца. Она не является каким-то обобщающим исследованием, посвященным всем этапам биографии

---

[4] *Елдъров Светлозар.* Нашият специален дописник съобщава. Хърватският корреспондент и доброволец Крунослав Херуц за България и българите. София, 2005; *Он же.* Хърватски доброволци в българската армия по време на сърбско-българската война през 1885 г. // Военноисторически сборник. 2005. №3. С. 12–16; *Он же.* Крунослав Геруц (1859–1929) – «посредник» между двумя славянскими культурами // Славянский альманах 2008. М., 2009. С. 81–96.

[5] *Фирсов Е.Ф.* Словацко-русское общество памяти Людевита Штура в России и идея славянского единства// Славянский вопрос. Вехи истории. М., 1997. С. 162-165. *Он же.* Югославяне К. Геруц и Л. Тума – создатели и меценаты славянских культурных обществ в прежней России // Югославянская история в новое и новейшее время. М., 2002. С. 177-185; *Он же.* Кавказские гуманитарные проекты хорватского деятеля в России К. Геруца (по чешским архивам) // Австро-Венгрия: Центральная Европа и Балканы (XI–XX вв.). СПб., 2011. С. 395–405.

[6] *Očak I.* Krunoslav Heruc, pobornik hrvatsko-ruskih veza potkraj XIX i na početku XX stoljeća // Historijski zbornik. 1984. XXXVII. S. 139–163; Он же. Hrvatsko-ruske veze. Druga polovica XIX. i početak XX. stoljeća. Zagreb, 1993.

[7] *Gross Mirjana.* Izvorno pravaštvo. Ideologija, agitacija, pokret. Zagreb, 2000; *Matković S.* Čista stranka prava 1895-1903. Zagreb, 2001.

[8] Партия права («праваши») – одна из двух партий (наряду с Национал-либеральной), определявших развитие хорватского национального движения во второй половине XIX в. Ее лидеры, Е. Кватерник и А. Старчевич выступали за воссоединение хорватских земель, за образование суверенного хорватского государства.

[9] Единственные работы, в которых идет речь о Геруце как о политическом активисте, принадлежат автору этой книги. См., например: *Ващенко М.С.* «Хорватский консул» в Петербурге. Крунослав Геруц и его пропаганда в России // Родина. 2010. № 4. С. 59–62; *Он же.* Проблема авторства монографии «Хорваты и борьба их с Австрией»: к вопросу о пропаганде хорватской национальной идеи в России // Славяноведение. 2011. № 3. С. 69–76. Хотелось бы выразить благодарность моему научному руководителю Л.В. Кузьмичевой (исторический факультет МГУ им. М.В. Ломоносова, кафедра истории южных и западных славян), благодаря которой я начал исследовать биографию К. Геруца и, в частности, его судьбу в России.

этой, несомненно, примечательной личности. Тем более что до настоящего времени о последних годах жизни Геруца было почти ничего не известно, имевшиеся сведения были отрывочны и весьма противоречивы. Лишь недавно автором этой книги в результате архивных исследований были найдены документы, проливающие свет на его жизнь в СССР в 20-30-е гг. XX в. Но и сегодня нельзя точно сказать, где и как завершился жизненный путь К. Геруца. Ни дата, ни место его смерти до сих пор не известны. Последние сведения о нем относятся к 1934 г., которым датируется одно из последних из обнаруженных до настоящего времени писем его авторства, адресованных Н.К. Крупской[10]. К тому времени Геруцу уже исполнилось 76 лет, но и в таком возрасте ему удалось сохранить жизненную активность, которой он отличался с юности. Исходя из этого, можно предположить, что и после 1934 г. в жизни Геруца могли произойти значительные перемены. Поэтому обобщающий труд о жизни и деятельности Геруца, авторами которого могли бы стать историки из разных стран, специализирующиеся на разных эпохах, еще ждет своего часа. В этой книге речь пойдет о Геруце прежде всего как о хорватском политическом активисте, действовавшем на территории дореволюционной России и СССР. Особое внимание будет уделено одной из пропагандистских работ, к написанию и изданию которой Геруц имел прямое отношение. Но в то же время эта книга является и попыткой в общих чертах воссоздать «российский» этап жизненного пути этого хорватского общественного деятеля, с опорой на исследования историков из России, Хорватии и Болгарии, исследовавших другие периоды и стороны жизни Геруца. И принимая во внимание то, что именно в России Геруц прожил бóльшую часть своей жизни, можно сказать, что в данной работе впервые предпринимается попытка не просто осветить отдельный этап биографии Геруца, но и реконструировать его жизненный путь в целом.

---

[10] Государственный архив Российской Федерации (далее – ГАРФ). Ф. 7279. Оп. 12. Ед. хр. 17. Л. 99-105

***

Крунослав Геруц родился в г. Крижевцы в Западной Славонии в семье сапожника. В 1882 г. окончил философский факультет королевского университета Франца Иосифа I в Загребе. Впрочем, он не сразу сделал выбор в пользу философии и сначала поступил на юридический факультет того же университета[11], но избранная специальность его быстро разочаровала[12]. Следует отметить, что в университете он прослушал, помимо всего прочего, два лекционных курса: «Историю современной русской литературы» и «Чтение и перевод русских текстов». Тогда же, в студенческие годы проявился его интерес к книжной торговле. Какое-то время К. Геруц проработал в книжном магазине в Загребе. Л.И. Ровнякова, ссылаясь на одну из газетных статей Геруца считает, что это был магазин Хартмана в Загребе[13]. Сам он указывает об этом магазине разные сведения: так, в записке, приложенной им к письму на имя председателя Санкт-Петербургского Славянского благотворительного общества гр. Н.П. Игнатьева он писал, что проработал три года в «немецком книжном магазине»[14], не сообщая имени владельца. В прошении о денежном пособии, поданном им в Азиатский Департамент российского Министерства Иностранных Дел, он указывает, что работал в университетском книжном магазине в Загребе, и не три, а три с половиной года[15].

Тогда же, в студенческие годы, Крунослав Геруц проявил себя как активист Партии права. Как писал Геруц в вышеупомянутом прошении в Азиатский Департамент, он принимал участие в редакции газеты «Слобода», позже переименованной в «Хрватска», «органе старчевичевской партии права,

---

[11] Л.И. Ровнякова ошибочно утверждает, что К. Геруц окончил физико-математическое отделение Загребского университета. См.: Русско-славянский книжный магазин в Санкт-Петербурге (1887-1893) // Зарубежные славяне и русская культура. Л., 1978. С. 85.

[12] *Očak I.* Hrvatsko-ruske veze… S. 103.

[13] *Ровнякова Л.И.* Русско-славянский книжный магазин… С. 86.

[14] Там же. С. 85-86.

[15] Архив внешней политики Российской империи (далее – АВПРИ). Ф. 146. Оп. 495. Д. 1733. Л. 1. Геруц, Крунослав. Ходатайство о выдаче ему пособия для поддержания в Санкт-Петербурге агентуры по продаже русских книг в славянских землях.

поставившей себе целью политическое и культурное объединение славян»[16]. За распространение антиавстрийской литературы в рядах домобрана хорватской территориальной армии был вынужден эмигрировать в Болгарию, с уроженцами которой у него сложились связи еще в студенческие годы[17]. А после того, как в Хорватии установился режим бана К. Куэна-Хедервари, который, по словам самого Крунослава Геруца, «начал самым энергическим образом вводить мадьярскую государственную идею в Кроацию и преследовать всех хорватских патриотов»[18], он решает покинуть родные места и отправиться в Болгарию, где он продолжал писать статьи в газете «Хрватска», а также хорватские журналы «Смотра», «Дом и свиет»[19]. Точнее, по словам Геруца, он намеревался отправиться в Россию через Болгарию, «чтобы еще лучше познакомиться с русской литературою и чтобы быть ее распространителем среди моих земляков», он передал заведующему русским консульством в Филиппополе (Пловдиве) Ингелстрому свои документы, но «филиппопольский переворот и сербо-болгарская война задержали меня в Болгарии, в качестве корреспондента до весны 1886 года...»[20].

К. Геруца действительно задержала в Болгарии война двух балканских государств. Но в своем прошении хорват не упомянул, что во время сербско-болгарской войны 1885 г. он вступил в болгарский добровольческий отряд, который возглавлял капитан Коста Паница, у которого Геруц был личным ординарцем, участвовал в нескольких сражениях с сербами и прошел со своим отрядом весь боевой путь от Софии до Пирота. К. Паница в докладе о действиях своего отряда упомянул Геруца как одного из наиболее активных участников боевых действий и даже аттестовал его как «героя»[21]. В то же время он не прерывал своей журналистской деятельности. К. Геруц писал в журнал «Слобода» статьи, в которых как очевидец и участник описывал боевые

---

[16] Там же. Л. 2.
[17] *Елдъров Светлозар.* Хърватски доброволци в българската армия… С. 13.
[18] АВПРИ. Ф. 146. Оп. 495. Д. 1733. Л. 2.
[19] *Ровнякова Л.И.* Русско-славянский книжный магазин… С. 85.
[20] Там же.
[21] *Елдъров Светлозар.* Хърватски доброволци… С. 14.

действия. Кроме того, как писал он сам, ему было дано «приглашение от «Матицы Хорватской» составить описание Болгарии»[22], чем он, видимо, занимался в свободное от участия в боях время. Что же касается непосредственно этих боевых действий, то за «проявленный героизм и самопожертвование» хорватский доброволец Геруц получил болгарский орден «За храбрость» IV степени [23]. Позже Геруц так писал в газете «Хрватска» об участии хорватов в сербско-болгарской войне: «Все, что мы, хорваты делали, мы хорошо обдумали и нисколько не раскаиваемся. Сильные напали на слабых, а это подло и коварно. Оба народа нам братские, а мы были за правду. Этим и гордимся»[24].

После 1885 г., по сведениям Радича, К. Геруц стал членом комитета, поставившего себе задачу объединения Княжества Болгария с Восточной Румелией (имеется в виду Болгарский тайный центральный революционный комитет во главе с З. Стояновым – *М.В.*)[25]. Как пишет И. Очак, он вступил в его ряды, так как обнаружил много схожего с положением в Хорватии, которая так же боролась за независимость и поэтому праваши относились к этой борьбе с симпатией[26]. И Геруц здесь не был исключением.

Согласно сведениям С. Радича, Геруц в конце 1886 г. был вынужден покинуть Болгарию. Связано это было с тем, что он принимал участие в устроенном военными перевороте[27], направленном против князя Александра I Баттенбергского. После того, как начались преследования участников путча, К. Геруц, у которого к тому времени уже сформировались русофильские настроения (так, в своих заметках он подчеркивал рост антирусских настроений болгарских правящих кругов[28]), покидает Болгарию и отправляется в Россию. По его словам, 28 октября 1886 года он был арестован болгарскими властями, которые он называл «лжеправительством», а спустя три дня был выслан за

---

[22] АВПРИ. Ф. 146. Оп. 495. Д. 1733. Л. 2.
[23] *Елдъров Светлозар.* Хърватски доброволци… С. 13-14.
[24] *Očak I.* Hrvatsko-ruske veze… S. 109.
[25] *Badalić J.* Uvod // Hrvatska svjedočanstva o Rusiji. Zagreb, 1945. S.12.
[26] Ibid.
[27] Ibid. S. 13.
[28] *Ровнякова Л.И.* Русско-славянский книжный магазин… С. 88.

пределы княжества[29]. В биографии Геруца начался новый этап, который и определил его дальнейшую судьбу.

---

[29] АВПРИ. Ф. 146. Оп. 495. Д. 1733. Л. 2.

Глава I

Крунослав Геруц и его политико-публицистическая деятельность в дореволюционной России

«Российский» период в биографии Геруца начинается в 1887 г., когда он, через Одессу и Москву, добирается до Санкт-Петербурга. Он продолжает отправлять свои материалы, в частности, свои путевые заметки «От Софии до Одессы» и «Письма из Петербурга», в хорватские печатные издания. Геруц начинает сотрудничество и с русскими изданиями. Как видно из письма Геруца, датированного июнем 1887 г., он к этому времени уже достаточно хорошо был знаком с состоянием русской периодики. Он писал, что в русских изданиях нет такого строгого разделения, как в хорватских, где газеты пишут об одной только политике, а журналы – только о науке и художественной литературе. Геруц отмечает, что русские газеты не являются рупорами каких-либо политических партий (так как их, по сути, нет), но возникают благодаря инициативе частных лиц[30]. Он же отмечает разделение русских печатных изданий по двум направлениям: консервативному и прогрессивному. К первому он относит «Московские Ведомости», «Санкт-Петербургские ведомости», «Новое Время», а среди «прогрессивных» выделяет «Неделю», «Русский Курьер», «Вестник Европы» и т.д.[31] Говоря об освещении «славянского вопроса в русской периодике, Геруц особо выделяет два журнала – московское «Русское дело» и «Славянские Известия», печатный орган Санкт-Петербургского Славянского благотворительного общества. Он отмечает, что у обоих журналов нет четко выраженного направления, и они и консервативны и либеральны в одно и то же время. Но общую цель они нашли, пишет Геруц, и заключается она в сближении славянских народов[32].

---

[30] *Heruc Krunoslav.* Pisma iz Rusije. Prvo pismo. Petrograd, lipnjo 1887 // Hrvatska svjedočanstva o Rusiji... S. 380.
[31] Ibid. S. 381.
[32] Ibid. S. 383.

Именно в «Славянские Известия» Геруц вскоре был принят на работу, а редактор-издатель журнала В. Комаров даже предоставил ему в своем доме отдельную комнату[33]. В ведении К. Геруца находилось все, связанное с сербами, словенцами и хорватами, а, кроме того, он редактировал отдел библиографии[34]. Более того, Крунослав Геруц стоял у самых истоков создания «Славянских Известий». Он присутствовал на торжественном собрании, посвященном «началу Славянских Известий» и произнес там речь, в которой сказал о своем народе и роли России в будущем Хорватии: «В числе всех прочих народностей славянских есть и хорватам место. Я, как хорват, с гордостью вам припомню, что и в моем отечестве славянское течение разливается сильною волною. Простолюдины напевают свою старую песнь: «Бог поживи севернога стрица»[35], а интеллигенция, хотя, по славянскому обычаю, сильно разрозненная, все-таки предводимая своими блестящими вождями, как Штроссмайер и Старчевич, приходит к тому убеждению, что единственное спасение в сближении с великой могучей Россиею. Это уже не временное увлечение, это признак народной зрелости. С молодежью соперничают в изучении русского языка наши старики. Хорваты были на страже Запада против Востока, и, надеюсь, что они станут на стражу Востока против Запада, и я предвижу уже время, когда Хорватия будет иметь право называться оплотом славянства»[36]. Как видно, в этой речи присутствует и ярко выраженная русофильская риторика, и выделение роли Хорватии в славянском мире, и упоминание имени Старчевича как одного из «блестящих вождей» хорватской интеллигенции. Несмотря на свои правашские убеждения, К. Геруц признает одним из «блестящих вождей» и Штроссмайера. Это неудивительно – Геруц, находясь в России, рассчитывал на любую помощь, о чем писал соратнику Штроссмайера Ф. Рачки.

---

[33] *Фирсов Е.Ф.* Югославяне К. Геруц и Л. Тума… С. 177.
[34] *Očak I.* Hrvatsko-ruske veze… S. 111.
[35] «Храни Господь нашего Северного Старшего брата» (*хорв*). Буквально «стриц» – дядя по отцу.
[36] Славянские Известия. 1889. №1-2. С. 4.

Но не все сразу складывалось так благополучно для Крунослава Геруца. По приезде в Россию его приняли за агента С. Стамболова, премьер-министра Болгарии. В октябре 1888 г. в своем письме Ф. Рачки он жалуется на русских славянофилов, мешающих ему в работе. Они, по словам Геруца, придумали, что он крещеный еврей и австрийский шпион. Жаловался он и на материальную неустроенность, которую ему приходилось испытывать в России, но куда как тяжелее, как он пишет, душевные муки, которые ему приходится переносить. К. Геруц просит Ф. Рачки обратиться к председателю Славянского благотворительного общества графу Н.П. Игнатьеву, чтобы он помог в организации книготорговли. Тем более что Игнатьев, по словам Геруца, обещал его пристроить на работу к известным русским издателям Суворину или Глазунову, которые бы помогли ему все это организовать[37]. Подобным же образом Геруц описывает ситуацию и в своем прошении в Азиатский департамент Министерства иностранных дел: «...я сделал здешнему Славянскому благотворительному обществу предложение издавать журнал, который бы имел целью ознакомление заграничных славян с русской литературою и учредить вместе с тем, при одном из здешних книжных магазинов заграничное отделение. По этому делу велись переговоры со стороны издательской комиссии Славянского благотворительного общества с господином А. Сувориным и другими книгопродавцами, но не привели ни к какому результату, так как я сразу объяснил, что это дело в первые два года принесет только убытки, а у Славянского общества нет денежных средств на подобные чрезвычайные расходы»[38]. Есть и документальное подтверждение того, что Геруц получил отказ: в письме, отправленном Славянским благотворительным обществом в Азиатский департамент, говорится в частности следующее: «Хорват Крунислав Геруц, учредивший в С.-Петербурге агентуру по продаже русских книг в Славянских землях, обратился в Совет Славянского благотворительного общества с просьбою о выдаче какого-либо

---

[37] *Očak I.* Hrvatsko-ruske veze... S. 111.
[38] АВПРИ. Ф. 146. Оп. 495. Д. 1733. Л. 2-3.

пособия для поддержания его предприятия. Совет Славянского общества не признал возможным удовлетворить эту просьбу, по неимению денежных средств…»[39]. Но в то же время Совет нашел «предприятие» Крунослава Геруца «достойным полного внимания» и постановил сообщить о нем в Азиатский Департамент на его усмотрение. После такого перенаправления его дела в Министерство иностранных дел Геруц и написал прошение в Азиатский департамент (письмо Славянского благотворительного общества в департамент датировано 3 июля, а прошение Геруца – 12 июля 1887 г.), которое уже цитировалось нами выше.

Из прошения мы, в частности, можем узнать, что у Геруца в России был некий «приятель серб», техник при Закаспийской железной дороге, обещавший ему ссуду в 500 рублей. И «на основании этого обещания», как пишет Геруц, он решил открыть «комиссионерное книжное заведение», а при нем небольшое «литературное бюро». Затем Геруц выпустил «циркуляр» (так в тексте – *М.В.*) для русских книготорговцев, поместил несколько объявлений в хорватских газетах и журналах. В ответ, по его словам, было получено немало заказов, поздравительных писем и литературных запросов. Геруц жалуется на то, что, посыла таким образом книги, ему приходится ждать по три-четыре месяца, пока у его доверенных лиц наберется необходимая сумма, достаточная для перевода через банк.

Но самая главная проблема для Крунослава Геруца заключалась в том, что его сербский приятель «потерпел неудачу» и отказал ему в помощи[40]. Именно поэтому он в июле 1887 г. решает обратиться в Азиатский Департамент российского Министерства Иностранных Дел с просьбой о единовременных или периодическом пособии «в 500 или хоть в 300 рублей»[41]. Он пытается как можно убедительнее обосновать необходимость своей деятельности на территории Российской империи и даже раскрывает перед чиновниками Азиатского департамента программу своей будущей деятельности и свой

---

[39] Там же. Л. 7.
[40] Там же. Л. 3-4.
[41] Там же. Л. 6.

взгляд на перспективы славянского объединения. Он считал очень важным распространение русского языка и русской литературы среди западных и южных славян, которое само по себе «крайне нужное, неотложное и самое благодарное дело: оно ведет верно, споро и неминуемо к культурному объединению»[42].

По мнению Геруца, политическое объединение славян без предшествующего культурного, никогда не может быть прочным. Именно задаче культурного объединения славян он «хотел бы посвятить все свои силы», более того, он, по его словам, избрал «самую практическую и самую необходимую сторону славянского дела: организовать продажу русских книг»[43]. Геруц отмечает, что в южно и западнославянских странах почти невозможно было выписать русскую книгу, так как этому препятствовали тамошние книгопродавцы «большею частью неславянской национальности», не хотели иметь сношений с Россией. Крунослав Геруц высказал намерение поддерживать сношения с книготорговцами и читателями не только среди австрийских сербов, хорватов и словенцев, но среди жителей Сербии, Болгарии, а в случае «приобретения некоторого капитала» он обещал учредить агентуры в Чехии, Венгрии и Галицкой Руси[44]. В целом Геруц пытается представить дело следующим образом: денежная помощь нужна не столько ему самому, не столько ему лично, сколько делу славянского культурного объединения, осуществляемого посредством книжной торговли. А он только пытается на практике осуществить это объединение, он готов к этому приложить все свои усилия. Дело лишь только в стартовом капитале, в 500 или 300 рублях, которые ему помогут в «успешном ведении общего дела, обещающего так много на поприще объединения славян»[45].

---

[42] Там же. Л. 4.
[43] Там же.
[44] Там же. Л. 5.
[45] Там же. Л. 4.

Однако в письме Азиатского департамента от 24 июля 1887 г. на адрес Славянского благотворительного общества сообщается, что в рассмотрении департамента нет суммы для выплаты подобных пособий[46].

И все же Геруцу удалось добиться своего – вмешательство Ф. Рачки сыграло свою роль, и А.С. Суворин принял хорвата на работу в свой книжный магазин. Но хорвату хотелось вести дело самостоятельно. Его «Проект организации русской торговли книгами» все-таки нашел поддержку у издательской комиссии Славянского благотворительного Общества. По сведениям И. Очака, Геруц после приезда в Россию установил связи с «известными организаторами Общества» и получил от них материальную помощь в размере 500 рублей[47]. В середине 1889 г. Геруцем наконец был основан «Русско-славянский книжный склад» по адресу: Санкт-Петербург, Невский проспект, 74.

Задачи «Русско-славянского книжного склада» сам Геруц изложил в своем «Письме в редакцию», опубликованном в журнале «Книжный вестник» (1889, №6, с. 209-219). Кроме того, оттиск этой статьи он приложил к одному из своих писем, адресованных А. Н. Пыпину. Вот какими Геруц видит цели своего предприятия: «Цель «русско-славянского книжного склада» двоякая:

I)   Распространение   произведений   русской   литературы   среди многочисленного, более 30-миллионного населения заграничных славян;

II) Доставление книгопродавцам и публике в России произведений западно- и южнославянских литератур, а также сведений о тамошних ученых, художественных   и   вообще   культурных   делах   (обществах,   органах, предприятиях) всем, кто в этом найдет для себя надобность»[48].

К. Геруц, как мы выяснили, все-таки добился от Славянского благотворительного общества материальной поддержки, которой хватило на открытие склада и магазина. Но он, как можно судить по его письмам, никогда

---

[46] Там же. Л. 8.
[47] *Očak I.* Hrvatsko-ruske veze... S. 112.
[48] Отдел рукописей Российской национальной библиотеки (далее – ОР РНБ). Ф. 621. Д. 207. Л. 4. Письмо К.Ю. Геруца А. Н. Пыпину. 17. VII. 1889.

не оставлял мысли расширить свое дело, да и просто устранить какие-либо мелкие недостатки: повесить вывеску, оформить витрины… Как и положено человеку, открывшему свое дело, он подходил ко всем вопросам очень серьезно. Он старательно подсчитывал количество денег, выданных им Славянским благотворительным Обществом, определял статьи расходов, пытался искать разные источники средства для продолжения и расширения своего дела. Все это изложено им, в частности, в письмах, адресованных Ф. Рачки. В одном из них он выражает надежду на то, что каким-то образом ему мог бы помочь Й.Ю. Штроссмайер. В таком случае, пишет он «это бы повысило мою репутацию и значение и я бы мог бы приносить гораздо больше пользы родине»[49].

Следует упомянуть и о компаньоне К. Геруца, Марке (Марке Даниловиче) Дошене (1859–1944). Он еще в юношеские годы, как и Геруц, примкнул к сторонникам Партии права и публиковал свои статьи в правашских газетах. В 1890 г. впервые совершил поездку в Россию, которую с тех пор посещал неоднократно[50]. После 1893 г. занимался торговлей в г. Госпич и в течение десяти лет издавал и редактировал еженедельник «Хорват». Перед началом Первой мировой войны сотрудничал с лидером Хорватской крестьянской партии С. Радичем. В 1930-е годы примкнул к движению усташей. Уже после образования Независимого Государства Хорватия, в 1942 г. был избран председателем хорватского сабора.

А в 1890 г., в Санкт-Петербурге М. Дошен вместе с К. Геруцем являлись владельцами «Русско-славянского книжного склада». И он, видимо, находился в курсе всех дел, связанные с книготорговлей, в такой же степени, как и Геруц, который оказывал ему полное доверие. Так, в одном из своих писем А.Н. Пыпину, который был одним из его постоянных клиентов, К. Геруц пишет следующее: «Глубокоуважаемый Александр Николаевич! Сегодня мне, к сожалению, лично невозможно к Вам явиться, поэтому приходит вот мой

---

[49] *Očak I.* Hrvatsko-ruske veze… S. 114.
[50] В статье о Дошене в «Хорватской энциклопедии» утверждается, что он прибыл в 1890 г. в Россию именно по заданию Партии права, но с каким именно, не уточняется (Hrvatska enciklopedija. Sv. 3. Zagreb, 2001. S. 226).

компаньон Дошен, с которым можете обо всем договориться, точно как со мною»[51].

Кроме того, К. Геруцу удалось добиться финансовой поддержки и со стороны своих соотечественников. Еще в конце 1889 г. он совершил поездку на родину, в ходе которой посетил не только Загреб, но и Будапешт, Белград и Цетинье. Эта поездка была успешной для него в плане упрочения своего материального положения. Ему удалось получить деньги от Ф. Рачки, а также от некоторых своих друзей[52]. Можно сказать, что к 1890 г. положение «Русско-славянского книжного склада» было достаточно стабильным. Торговля книгами шла достаточно активно. Этому в немалой степени способствовали многочисленные знакомства и связи К. Геруца в славянских землях. Так, еще когда «Русско-славянский книжный склад» только начинал свою работу, он уже мог рассчитывать на книготорговцев в Загребе, Карловце, Сплите, Задаре, Дубровнике, Панчеве, Нови Саде, Нише и Белграде[53]. По определению самого К. Геруца, в этих городах находились «наиболее выдающиеся книжные магазины», через которые он уже тогда предполагал пересылать каталоги различных изданий. Связи эти только расширялись, и даже в 1895 г., когда предприятие Геруца уже два года как не существовало, в своей визитной карточке хорват указывал, что он является «представителем Болгарской, Хорватской и Словинской печати», «представителем Славянского торгового агентства в чешской Праге» и даже «представителем владельцев оливковых садов в Далмации»[54]. Книги через К. Геруца выписывали из Чехии (по сведениям самого Геруца, именно чехи выписывали более всего книг[55]), из Болгарии, книготорговый оборот с которой достиг к 1890 г. 10 000 рублей, из Хорватии, Далмации, Сербии[56]. О высокой степени доверия к предприятию К.

---

[51] ОР РНБ. Ф. 621. Д. 207. Л. 3. Письмо К.Ю. Геруца А.Н. Пыпину, написанное на обороте визитной карточки К.Ю. Геруца и М.Д. Дошена.
[52] *Ровнякова Л.И.* Русско-славянский книжный магазин в Санкт-Петербурге …С. 95.
[53] ОР РНБ. Ф. 621. Д. 207. Л. 4.
[54] ОР РНБ. Ф. 120. Д. 1975. Л. 2. Письмо К.Ю. Геруца И.А. Бычкову, написанное на обороте визитной карточки К.Ю. Геруца.
[55] *Ровнякова Л.И.* Русско-славянский книжный магазин в Санкт-Петербурге … С. 94.
[56] Там же.

Геруца можно судить, например, исходя из текста открытого письма от членов литературного общества «Застава», образовавшегося в рамках Загребского университета. В этом письме содержатся жалобы на недостаток русских книг, в которых так нуждается изучающая русский язык хорватская молодежь. Обращаясь с просьбой к русским издателям присылать им «бесплатно или хоть по удешевленной цене» их издания, авторы письма указывают на возможность осуществление такой пересылки именно через склад К. Геруца: «Русско-славянский книжный склад Геруца и комп.» в Петербурге, Невский проспект, дом 74, стоит с нами в постоянных сношениях, почему можно доставлять книги и газеты и в этот склад...»[57]. В самой России, точнее в Санкт-Петербурге, деятельность К. Геруца как книготорговца широко рекламировалась в его «родном» издании «Славянские Известия». В различных объявлениях о недавно вышедших книгах или периодических изданиях указывалась возможность их пересылки через владельца «Русско-славянского книжного склада».

Среди русских клиентов (или, по крайней мере, корреспондентов) К. Геруца были самые известные в русском обществе, и, в частности, в научном мире, люди – К.Я. Грот, В.И. Ламанский, А.Н. Веселовский, А.С. Суворин... Был среди них и уже упоминавшийся нами А.Н. Пыпин. Их переписка подтверждает, что хорват распространял в России не только книги славянских авторов, а также тот факт, что его работе могли мешать не только финансовые проблемы, но и цензурные правила. Так в письме от 26 сентября 1889 г. К. Геруц писал: «Уже более 10 дней находится второй том Осиповского на цензуре... Теперь оказывается, что нужно все-таки прошение подавать...»[58].

Распространению своих идей и взглядов в России К. Геруц уделял, по крайней мере, не меньше внимания, чем собственно книготорговле. В одном из своих писем Ф. Рачки владелец «Русско-славянского книжного склада» откровенно писал: «...мы сами должны свои идеи популяризировать здесь, в

---

[57] Библиографические записки. 1892. №3. С. 249.
[58] ОР РНБ. Ф. 621. Д. 207. Л. 2. Письмо К.Ю. Геруца А.Н. Пыпину. 26 X. 1889.

России, и не должны сидеть, сложа руки, чтобы кто-нибудь другой о нас побеспокоился. Если представится такая возможность, то нам здесь прежде всего требуется   укрепить свое материальное положение, необходимо иметь здесь несколько образованных и полностью независимых людей»[59]. Следовало бы отметить, что идеи К. Геруца, как можно выяснить, просмотрев его письма к Ф. Рачки, никак не совпадали с идеями русских славянофилов, которым он в своей переписке уделил немало внимания. Он считает «позором» тот факт, что «славянофилы, кроме двух-трех человек, воспринимают славянофильство только как православие! О культурном единстве они даже не думают, тем более, ничего ради него не делают... Русские славянофилы – прежде всего помеха, чем подмога сближению разных славянских народов и это: 1) оттого, что они, скажем так, монополизировали эту идею; 2) оттого, что они соединили ее с консерватизмом и тем самым отвратили от нее 90% русской интеллигенции»[60]. Конечно, К. Геруца, как хорвата, не могло устраивать то, что в идеологии славянофилов роль православия является одной из определяющих. И, конечно же, позиция славянофилов по вопросу культурного сближения славян, к которому К. Геруц всегда относился по-особому, не могла не вызвать у хорвата негативной реакции.. В одном из писем к Ф. Рачки Геруц писал: «они (славянофилы – *М.В.*) виноваты в том, что русское образованное общество в общем мало что о нас знает, так как они монополизировали славяноведение, и ничего не делают, они нас представили перед Россией как вечных попрошаек, людей нечестных и вообще какими-то низшими созданиями. Если бы славянофилы не монополизировали славяноведение, то русское образованное общество во всяком случае лучше узнало и изучило наши отношения. А сейчас, всякий раз, когда вы появляетесь в русском обществе и говорите, что вы славянин сразу как-то начинают бояться и отвергать вас... как будто вы пришли с намерением что-либо попросить, или выманить денег»[61]. То есть, К. Геруц явно хотел способствовать тому, чтобы русское общество по-другому

---

[59] *Očak I.* Hrvatsko-ruske veze... S. 116.
[60] Ibid.
[61] Ibid.

взглянуло на идею славянского объединения, на самих славян и на хорватов в частности.

Для распространения нужной информации о Хорватии и хорватах, и для пропаганды своей позиции К. Геруц использовал журнал «Славянские Известия», где он редактировал отдел библиографии. Кроме того, через него проходила вся печатавшаяся в журнале информация о хорватах. И есть основания полагать, что автором многих материалов, в том числе кратких сообщений, заметок, новостей, был сам Геруц. Так, уже в первом же номере «Славянских Известий» за 1889 г. вновь можно найти упоминания о Штроссмайере и Старчевиче, как одинаково дорогих автору заметки, обозначенного как «корреспондент «Славянских Известий», персоналий. Штроссмайер назван «маститым владыкой», «восходящей звездой среди нашего духовенства», отмечено, что он «пользуется вполне заслуженной славой и уважением во всем славянском мире, только вот у нас поднимаются против него голоса... У Штроссмайера никто не отнимет его прозвища «первый сын отечества», его академии, университета, картинной галереи, собора, его заступничества за славянское национальное богослужение. Все эти факты останутся вечными золотыми страницами хорватской истории».

После такого хвалебного отзыва о епископе Й.Ю. Штроссмайере следуют слова, заставляющие нас вспомнить речь К. Геруца на торжественном собрании, посвященному основанию «Славянских Известий». «Корреспондент «Славянских Известий» пишет: «Как Штроссмайер на культурном, так другой маститый деятель на политическом поприще выдается далеко из среды нашей вялой интеллигенции. Это д-р Антон Старчевич, вождь «партии права». Я, лично поклонник культурной деятельности Штроссмайера и в не меньшей степени поклонник и сторонник политической деятельности Старчевича. Сожалею, что между обоими существует с давних еще времен, непримиримая вражда, хотя они друг другу на самом деле теперь не мешают. Но узкий взгляд нашей интеллигенции проявляется и в этом вопросе. У нас принято быть «старчевичианцем» или «штроссмайерьянцем»[62]. Сожалея о таком расколе хорватского образованного общества, автор этой корреспонденции винит во всем «неправильное воспитание», внедренное при помощи австрийской учебной системы, запрещающей свободную мысль. Далее идет описание заслуг лидера правашей перед Хорватией. Автор наделяет его едва ли не героическими чертами: «Старчевича можно смело назвать «отцом отечества». Хорватская история будет всегда признавать за Старчевичем ту заслугу, что он старался поднять среди своих соотечественников значение чистоты характера и непреклонности воли. Он, наконец, свел хорватский народ с пагубного, оппортунического, узкого национально-эгоистического направления, и указал ему, что спасение может придти только и единственно с Востока»[63].

Все описанное выше перекликается с выступлением К. Геруца, для которого и как Штроссмайер, так и Старчевич – оба «блестящие вожди». Высказанная в журнальной заметке позиция сочетает в себе этот новый подход - культурная и политическая составляющие авторской позиции берутся, скажем так, из разных источников. В культурной сфере лучше всего подходят идеи Штроссмайера (несмотря на то, что он был не в меньшей степени и политическим деятелем). То есть, первостепенное значение имеет развитие и распространение славянской, и хорватской в частности, науки, образованности, привнесение национальных черт в католическое богослужение – все самое «удобное» для выписывания на «золотых страницах хорватской истории» истинными хорватскими патриотами. А политическая программа берется у Старчевича, у партии права, т.е. требование национального суверенитета и независимости, чего, как известно, и требовали праваши. Но в заметке на это прямо не указывается. Наоборот, утверждается, что Старчевич выступал против какой-то хорватской национальной исключительности и даже указал хорватскому народу, что спасение может придти исключительно с Востока. Плюс к этому еще и представленные в абстрактно-героическом свете попытки

---

[62] Славянские Известия. 1889. № 1-2. С. 42.
[63] Там же.

Старчевича поднять значение «чистоты характера и непреклонности воли». Итак, для русской публики создается во всех смыслах слова положительный образ Старчевича как ярого русофила, противника идеи хорватского национального эгоизма, наделенного едва ли не рыцарскими чертами характера. Налицо стремление создать в глазах русской образованной публики исключительно положительный образ лидера правашей (откуда недалеко и до распространения собственно правашских идей), пусть даже путем применения не самых достойных пропагандистских приемов.

Среди всех материалов, в которых затрагивается хорватская тема, только две статьи подписаны именем Геруца. Они посвящены изданию в Дубровнике газеты «Червонная Хорватия». И это не просто информационные сообщения о новом периодическом издании, но почти что программная статья, в которой Геруц высказывает свою позицию относительно дальнейшего сербо-хорватского сотрудничества.

Вначале несколько слов о появлении «Червонной Хорватии», послужившем поводом к написанию этой статьи. Судя по тому, что об этом сообщает сам Геруц, возникновение «Червонной Хорватии» было вызвано «чрезмерными сербскими агитациями в крае». В этом издании выражается недовольство тем, что хорватов якобы пытаются заставить отказаться от своего хорватского имени, признав себя сербами, и высказывается пожелание, чтобы Дубровник вновь показал свой «хорватский характер, как это было в старину». Что же касается сербов, то авторы «Червонной Хорватии», к счастью, признают за ними возможность «оставаться при своей сербской национальности», но при том они должны «признавать и поддерживать хорватское государственное право, раз они живут на хорватской территории» и «не вступать в союз с врагами хорватского народа»[64].

Излагая позицию авторов «Червонной Хорватии», Геруц как бы несколько абстрагируется от нее, и на первый взгляд, не отождествляет эту позицию со своей. Так, он сам не убежден в том, что появление газеты было

---

[64] Славянские Известия. 1891. №7. С. 127.

связано с «чрезмерными сербскими агитациями», и подчеркивает, что это аргументация не его, а авторов «Червонной Хорватии». То же касается и высказанных в газете требований к хорватам признать себя сербами («от хорватов требуется-де, чтобы они… во имя единения признали себя сербами»[65]), сам Геруц как бы окончательно в этом не убежден… И сразу после изложения позиции газеты по сербо-хорватскому вопросу, он временно оставляет эту тему и переходит к общим вопросам, касающимся объединения югославян. По его мнению, «желательно возможно скорейшее соединение сербов, хорватов и словинцев и образование одного государства», причем, как с сербской, так и с хорватской и тем более, с общеславянской точки зрения. И что именно после этого экономическое и культурное развитие этих народов сможет стать на более твердую почву. Отметим, что «словинскую» точку зрения Геруц как сторонник Партии права в расчет не принимает (как известно, праваши считали словенцев частью хорватского народа).

К. Геруц отмечает, что нравственные и физические силы обоих соперников, сербов и хорватов, приблизительно одинаковы и все попытки одних завладеть другими всегда заканчивались взаимным их ослаблением «к величайшей радости окружающих их немцев, мадьяр, итальянцев и греков»[66]. Как мы видим, Геруц внес в список противников славян, кроме немцев и мадьяр, еще итальянцев и греков (последние, видимо, были упомянуты в связи с тем, что материал статьи касается Далмации). Но самое интересно, что, упоминая о тождественности нравственных и физических сил сербов и хорватов, Геруц прибавляет, «к сожалению». О чем это может говорить? Вряд ли он хотел перевеса сербов над хорватами. Учитывая его правашские симпатии, это совершенно очевидно. Выходит, что в этих словах можно усмотреть скрываемое желание Геруца видеть «превосходство» хорватов над сербами, при котором точкой зрения последних можно было бы не интересоваться, так же как в данном случае мнением «словинцев». Но

---

[65] Там же.
[66] Там же.

напрямую Геруц пишет только о пользе объединения всех трех народов, причем, этот вопрос, по его мнению, «может быть разрешен только внешней силой»[67], которая, правда, прямо не называется (ясно, конечно, что это не Австро-Венгрия и не Германия), но подразумевается в данном случае Россия. Но перед тем, указывает издатель, необходимо провести большую предварительную работу. Он утверждает, что есть почва, на которой «сходятся вполне этические интересы сербов, хорватов и словинцев, всем одинаково жизненное и одинаково симпатичная – это почва чистой славянской культуры»[68]. Важной частью этой работы по объединению южных славян Геруц считает ознакомление трех народов с русской литературой и более тесное сближение с русской культурой[69]. Хотя он отмечает осторожность и нерешительность хорватов и словенцев, когда они «обращают свои взоры на восток». Правда, эту медлительность и нерешительность хорватов и словенцев даже в их стремлении «изгнать из своего сердца» немецкий язык и «приголубить» вместо него русский[70], Геруц никак не объясняет.

Завершает статью Геруц обращением к сербам и хорватам, двумя своеобразными риторическими вопросами, начинающимися со слов «Не пора ли?». Сербам, по его мнению, пора не больше, не меньше, как переменить свою политику в отношении к хорватам, «признать их лучшими и равноправными братьями, и поддерживать их против Австрии и мадьяр в борьбе за их постепенную эмансипацию»[71]. Обращаясь же к хорватам, Геруц просит их только признать необходимость некоей «жертвы с обеих сторон», без которых немыслимо единение. Отметим, как осторожно автор статьи обращается со страниц «Славянских Известий» к хорватам, как уклончиво он говорит о необходимости принести жертву не только с сербской, но и с хорватской стороны… И то, какая конкретно «жертва» требуется со стороны хорватов, Геруц не говорит. Да и скорее всего, этот призыв к хорватам был включен в

---

[67] Там же.
[68] Там же.
[69] Там же. С. 128.
[70] Там же.
[71] Там же.

текст статьи скорее по формальным причинам, дабы не представлять сербов единственным тормозом на пути славянского объединения.

После закрытия «Славянских Известий» в 1891 г. Геруц продолжил заниматься книготорговлей через свой «Русско-славянский книжный склад». Но его дела шли все хуже и хуже. Он увяз в долгах, и, даже не будучи в силах погасить предыдущие, взваливал на себя новые… В итоге, осенью 1893 г. книжный склад К. Геруца перешел в руки издателя Ф.Н. Берга, редактора и издателя «Русского Вестника», и фактически прекратил свое существование[72].

Но и после того, как Геруц потерпел фиаско в предпринимательском деле, он вплоть до начала Первой мировой войны продолжал снабжать русских ученых и литераторов, с большим количеством которых он познакомился за время существования склада, необходимой им литературой. Да и от издательского дела как такового, К. Геруц вовсе не отошел. Оно тоже отчасти было связано со славянством: так, еще в 1888 г. Геруц принимает участие в издании антологии современной славянской поэзии «Баян», а годом позже – в издании сборника песен, посвященного 500-летию Косовской битвы. Он даже задумал юбилейную серию «Памятные листки» - всего было выпущено два: один был посвящен 50-летию со дня смерти А.В. Кольцова, а второй – 25-летию Санкт-Петербургского Славянского благотворительного общества. Издания, к которым, так или иначе, имел отношение Геруц все эти годы, относятся к самым разным областям знаний. Это и сборник русской художественной лирики «Волна» и очерк о президенте Франции Феликсе Форе, приуроченный к его визиту в Россию, автором являлся сам Геруц)[73].

В начале 1900-х гг. «славянский вопрос» вновь выходит у Геруца на первый план. В 1905 г. в «Санкт-Петербургских Ведомостях» была опубликована его обширная статья «Слово к русским и слово к славянам», в которой наиболее полно и ясно выражены взгляды Геруца на перспективы славянского объединения, и на роль России в судьбе славянских народов, и на

---

[72] *Ровнякова Л.И.* Русско-славянский книжный магазин… С. 95. Автор статьи отмечает, что сведений о «Русско-славянском книжном складе» в литературе о Ф.Н. Берге нет.
[73] Там же. С. 99-100.

внутреннее состояние России. Статья поделена на две части. В первой изложены взгляды автора на отношение к славянскому объединению внутри самой России, а во второй (она имеет подзаголовок «Нашим западно-славянским братьям») речь идет о задачах самих славянских народов, которые, по мнению Геруца, необходимо решить, чтобы на деле осуществилось «духовное сплочение» зарубежных славян с Россией.

Геруц начинает свою статью очень провокационно. Во-первых, он решает сразу же опровергнуть стереотип, согласно которому «Россия полезна славянам уже тем, что существует». Он переворачивает его буквально с ног на голову, утверждая что, напротив, «славяне полезны России уже тем, что существуют, и гибель славян была бы для России роковой»[74].

Он возмущается состоянием русского общества, которое, по его мнению, равнодушно к судьбе будущих поколений и пребывает в спячке и пугает его перспективой надвигающихся с Запада полчищ, объединенных стремлением завладеть ее природными богатствами. Причем, по его мнению, в таком случае, против России объединится вся Европа: «...будут тут в одном лагере и англичане, и немцы, и наши новейшие платонические друзья французы с остальной западно-европейской мелюзгой»[75].

В этой и многих других фразах чувствуется не только самоотождествление Геруца с Россией и русскими, которое выражается во фразе «наши друзья», но и видна попытка создать образ врага не только в виде Австро-Венгерской империи, но и всей Европы. Он включил в свой «черный список» даже Францию. И дело не в том, что у нее с Россией складывались дружественные отношения еще с начала 1890-х гг., с которой у нее было заключено несколько союзных соглашений (соглашение Гирса-Рибо о ненападении, двусторонняя военная конвенция 1891 г.), но и в том, что Францию довольно сложно было отнести к «западно-европейской мелюзге», к которой Геруц ее приравнял. Вряд ли Геруц имел в виду под

---

[74] *Геруц К.* Слово русским и слово к славянам // Санкт-Петербургские Ведомости. №17. 25 января (7 февраля) 1905 г.
[75] Там же.

«западноевропейской мелюзгой» какую-либо из стран Пиренейского или Скандинавского полуострова. Эти страны никогда не претендовали на то, чтобы участвовать в расчленении России. Складывается впечатление, что Геруц просто-напросто сгущает краски, дабы запугать русского читателя и таким образом придать большую убедительность аргументам в пользу своей позиции по «славянскому вопросу». Чему еще могут служить такие фразы, ловко увязанные с современной политической ситуацией, как, например: «...нынешнее нападение Японии – только первое удобное полено, брошенное в спину русскому богатырю... дальнейшие нападения пойдут уже с западного фронта», «европейцы... под видом льстивых друзей то и дело устраивают нам западни... они ведут с нами непрерывную, изнуряющую нас, но ловко замаскированную экономическую войну», «...там различные проявления национальной вражды понемногу исчезают, и остается одна общая жажда хлеба и золота, которая объединит весь ближний и дальний Запад в одну наукой воодушевленную, техникой вооруженную хищную рать»[76].

Нарисовав для русского читателя такую угрожающую картину, Геруц сразу же его обнадеживает. «Самая судьба послала России в помощь довольно многочисленные союзные рати, вместе с которыми ей не трудно будет предстоящую борьбу ослабить или, может быть, совершенно пресечь»[77]. Но тут же кивает на русских общественных деятелей, которые совсем не ищут и не изучают эти союзные рати.

Эти рати, наконец поясняет Геруц – славянские. Но вся проблема, по его мнению, заключается в том, что сама Россия и русское общество равнодушны к ним. Он указывает не только на отсутствие знаний о славянах даже у русских образованных людей, не могущих отличить венгра от хорвата, а немца от чеха, но и на прямое противодействие русско-славянскому сближению внутри самой России в самых разных формах. И следы этого сопротивления он неожиданно находит в славянофильских кругах, призывающих «отдать чехов на съедение

---

[76] Там же.
[77] Там же.

Пруссии» и даже утверждающих, что России не до славян. Раздражает Геруца и немецкое влияние в России, которое «протянулось до самых берегов Невы», и которое проявляется даже в таких мелочах, как немецкие названия славянских городов и народов в русских учебниках и энциклопедиях. Не мог он обойти и хорватскую тему – по его словам, «один публицист, которым вся Россия зачитывается, писал (1903 г.), например, что хорваты недружелюбно относятся к России»[78]. Последнее Геруцу наверняка было особенно неприятно, но, тем не менее, никаких аргументов против этого утверждения он не привел.

Справедливости ради стоит отметить, что автор статьи сетует не только на онемечивание русского общества. Он ужасается тому факту, что «…немецкие колонии растут как грибы по всем Балканскому полуострову», а «вся западно-славянская интеллигенция пропитана до мозга костей немецкой наукой и немецкой культурой», и, более того, отмечает, что «латинская церковь ей в этом – деятельная помощница»[79]. То есть, для достижения наибольшего эффекта Геруц не останавливается даже перед тем, чтобы задеть не совсем, наверное, чужую для него католическую церковь. Хотя во всех своих работах, посвященных судьбам России, Европы и славянства, Геруц всячески пытался обходить религиозный вопрос, сосредотачивая свое внимание на экономическом и культурном единении славян. Да и распространение социалистических идей среди славян его не радует, т.к. это «немцам на руку». А ведь в студенческие годы Геруц общался с революционным демократом из Болгарии И. Миларовым…

Но все-таки мнение Геруца таково – если Россия ничего не предпримет для того, чтобы поддержать славян в их борьбе с онемечиванием, то она сама толкнет их в объятия немцев. И славянам придется в таком случае развиваться в немецкой среде. Лучшая часть славян, пишет автор статьи, будет и далее бороться против онемечивания, но если они поймут, что «их борьба бесцельна и их культурно-политический союз никому не нужен, или что они могут опять

---

[78] Там же.
[79] Там же.

29

стать предметом дипломатического торга, как в 1815 и 1879 гг., то они, конечно, сложат оружие, откажутся от своей национальной политики и займутся практическими делами, но уже, конечно, в рамках германской культурной и государственной программы»[80]. Последнее выглядит уже даже не как угроза, но даже как шантаж (особенно если обратить внимание на это дважды повторяемое «конечно», выражающее бóльшую уверенность, чем просто при каком-то абстрактном предположении). Выходит, что для славян все-таки может быть приемлемо онемечивание, просто для них это чуть менее желательная альтернатива союзу с Россией? Тем более что автор статьи утверждает – в случае онемечивания славяне потеряли бы только в нравственном смысле (создается такое впечатление, что такого рода потерю, по мнению автора, можно вполне легко пережить), а в экономическом бы выиграли, при том, что Россия потеряла бы и нравственно, и материально. Конечно, Геруц, учитывая его отношение к немцам и их государствам, вряд ли был уверен в приемлемости для славян такой серьезной нравственной потери. Но он, как мы видим, позволял себе такие высказывания, чтобы спровоцировать русского читателя и заставить его более внимательно к себе прислушаться.

Геруц позволяет себе даже такого рода утверждения: «Славянам не нужно ни денег, ни материальной поддержки... Им нужно от России только доброе слово, внимание, понимание их задач и идеалов, организация»[81]. Заметим, что если привести в пример самого Геруца, как славянина, желавшего найти понимание своих планов в России, сам отнюдь не хотел ограничиваться «добрыми словами» в свой адрес. Он искал и материальной поддержки, причем, искать он ее начал сразу по приезде в Россию и очень долго не останавливался в этих поисках. И еще одна фраза, не нуждающаяся в комментариях. Аргументируя отсутствие необходимости материальной поддержки славянам со стороны России, Геруц пишет: «Наоборот, все они своим трудом, своей

---

[80] Там же.
[81] Там же.

школой, своей предприимчивостью, своим воодушевлением сравнительно богаче русского народа»[82].

Во второй части статьи, обращенной к зарубежному славянству, тоже не обходится без критики в адрес России и ее интеллигенции. Тут и вновь повторяемые слова о скудости сведений о славянах в русском обществе, и о засилии иностранцев в заграничной торговле России и в ее дипломатическом ведомстве, и о том, что все русское общество ничего не сделает для того, чтобы установить со славянами торговые и литературные сношения.

Но, видимо для того, чтобы у «западно-славянских братьев» не осталось впечатления, что на Россию уже рассчитывать нечего, Геруц пытается ее оправдать. Он пишет, что он не пытается оспаривать у России ее первенствующую роль среди славянства, отмечает ее культурные успехи и даже пишет, что «в политическом отношении Россия достигла уже такого грозного могущества, что ее меча боится вся Европа, вместе взятая»[83]. Правда, в таком случае, не совсем понятно, как эта боящаяся русского меча Европа соберет свои полчища и двинется на Россию делить ее природные богатства, как утверждал автор в начале этой же статьи. Между делом, Геруц высказывается едва ли не в духе социалистов, о вреде которых для славян он же и писал выше: «Будущее России заключается в благе ее народа, а не в благе привилегированных классов»[84]. Впрочем, все становится понятно, когда Геруц ставит светлое будущее славян в прямую зависимость от такого прогрессивного развития России.

И что же, все-таки, надо делать славянам, по мнению автора статьи? Помимо уже привычной уже борьбы за национальное существование, славянам, точнее, славянской интеллигенции необходимо изучать русский язык. Геруц поясняет: «...язык – лучшее мерило национальности и главное средство народного единения»[85].

---

[82] Там же.
[83] Там же.
[84] Там же.
[85] Там же.

Как мы помним, К. Геруц еще в первые годы своего пребывания в России был недоволен тем, что у славян в русском обществе сложилась репутация попрошаек и вообще нечестных людей. И в 1905 г. в своей статье он призывает славян оставить мысли о том, что «Россия нам поможет, пришлет книг и учителей, устроит все на свои средства». Он считает это самообманом. И все дело, как следует из слов Геруца, в недостатках русской внутренней политики: безграмотного распоряжения природными богатствами, постоянных заграничных займах, из-за которых в народе мало денег. Он спрашивает: «Не унизительно ли для нас это вечное попрошайничество, которым мы уже успели порядочно-таки надоесть части русского общества?»[86].

Геруц, отмечая нежелание России устанавливать контакты со славянами, в то же время пытается донести до славян мысль о необходимости самим действовать в этом направлении. И у славян недостает решимости и твердости, пишет автор статьи. Нет сношений с Россией? Австрийские и венгерские власти препятствуют изучению русского языка в школах? Но ведь еще 70 лет назад пишет автор, никто не думал о введении в школах чешского языка. А сношения с Америкой, которые в отличие от сношений с Россией, хорошо налажены, существуют и существуют они благодаря самим славянам.

Любопытно, кстати, что Геруц включает в число западных славян, к которым он обращается, не только чехов и словаков, но и словенцев с хорватами, и говорит от их имени: «Мы, западные славяне, т.е. чехи, словаки, словинцы и хорваты, совершили сами, даже будучи разъединены, в начале прошлого столетия подвиг нашего возрождения...»[87]. То есть, сербы, таким образом, остались за пределами внимания Геруца, по крайней мере, в этой статье. Вообще, обращает на себя внимание тот факт, что обращена вторая часть статья именно к «западно-славянским братьям» (из числа которых, кстати, автором исключены поляки), а южные оставлены в стороне, хотя один раз они в тексте статьи и упоминаются. Причем, если сербы могли не

---

[86] Там же.
[87] Там же.

упоминаться Геруцем по более или менее понятным причинам, то отсутствие всякого упоминания о болгарах вызывает недоумение, хотя болгарский период занимает важное место в биографии Геруца. Возможно, это было связано с текущей политической конъюнктурой и автор статьи посчитал нужным не упоминать о пронемецком курсе Болгарии.

Завершает Геруц статью окончательным выводом, что славянам следует самостоятельно и собственными силами провести сближение с Россией и в то же самое время верить в то, что «русские осознают общность славянских интересов, оценят наши подвиги и выйдут к нам навстречу»[88].

Как мы видим, исходя из авторского замысла, да и самого его названия, первая часть статьи предназначалась с одной стороны, для России и русского общества, а вторая ее часть – для западных славян в классификации Геруца. Причем, складывается ощущение, что основная мысль статьи касается не столько необходимости славянского культурного единения самого по себе (хотя это, скорее всего, так), сколько недостатков, присущих русскому обществу, внутренней и внешней политики России. Эта мысль проводится автором через всю статью. Хотя, разница между двумя ее частями, конечно же, есть.

Первая, обращенная к русскому читателю, содержит в себе не только перечисление этих пресловутых недостатков. Она еще и призвана запугать его чудовищной перспективой объединения Запада против России, присвоения ее природных ресурсов, утвердить читателя в мысли о лживости Запада, уже ведущего скрытую борьбу против его страны, и готовящегося придать этой борьбе открытые формы. Геруц представляет славян как единственных союзников России, вместе с которыми она сможет предотвратить реализацию этого страшного для нее сценария. Автор статьи даже конкретизирует задачи, которые стоят перед Россией, и излагает их в шести пунктах, о содержании которых упомянуто выше.

---

[88] Там же.

В «славянской» части статьи описываются задачи для славян – продолжение борьбы, изучение русского языка славянской интеллигенцией и проявление инициативы в установлении контактов с Россией. В то же время выражено резко негативное отношение к вечным славянским надеждам на помощь России. Геруцу, как и двадцать лет назад, неприятен тот факт, что славяне воспринимаются в России как попрошайки. Отметим только, что в первой части статьи авто сетует на отсутствие инициативы у русских людей в отношении славянского объединения и дает им конкретные рекомендации по их налаживанию, а во второй дает такие же рекомендации славянам, дав им понять, что Россия еще не скоро очнется… Возможно, это был хитрый тактический ход Геруца, но публиковать две совершенно разные программы, одна из которых исключает другую, в одной статье, представляется довольно странным.

К. Геруц сам реализовывал собственный призыв налаживать русско-славянские связи. В 1880-1890-е гг. он действовал в этом направлении посредством книготорговли, а в начале 1900-х гг. обратился к новым, можно даже сказать, неожиданным формам налаживания этих связей. В том же 1905 г. он опубликовал в газете «Рассвет» статью под классическим для русской литературы и публицистики заглавием «Что делать?». По своей направленности она перекликается со «Словом к русским…», хотя она не так объемна как публикация в «Санкт-Петербургских ведомостях». Но, как и в той статье, Геруц с энтузиазмом и известной долей резкости обличает все пороки и недостатки России, делая ясные и четкие заключения: «Корень нашего исторического провала – не в оплошности отдельных лиц или сословий, а во всеобщей, как духовной, так и материальной нашей некультурности… Всем известны самомнение сановников, взяточничество органов власти, неискренность духовенства, хищничество купечества, недобросовестность ремесленника, грязь и неповоротливость крестьянина»[89]. Хорватский публицист определяет все это как «общий культурный упадок» России. И в тексте этой статьи проявляется

---

[89] *Геруц К.* Что делать? // Рассвет. №87. 1905.

некоторая «раздвоенность» сознания Геруца, проявлявшаяся в том, что он одновременно писал обо всех этих проблемах России как о «нашем недуге», «нашем историческом провале» и о том, что все это может негативно сказаться «на нас, западных славянах». «Западные европейцы, – пишет автор, – заберут нас на днях, а к вам русским, постучатся в дверь через десять-двенадцать лет и скажут вам: послушайте, друзья наши, вам привольно, а нам тесно – пустите нас к себе...»[90].

Автор статьи считает, что все те изменения, произошедшие в России под влиянием революции, имея в виду свободы, провозглашенные Манифестом 17 октября, созыв Государственной думы и т.д., недостаточными мерами для улучшения ситуации в стране. Он предлагает заняться массовой отправкой молодых людей за границу «для наглядного и практического изучения земледелия и ремесел и для усвоения более совершенного мировоззрения». Геруц пишет о создании какого-либо «частного кружка», который бы и занимался отправкой сельской молодежи из России в европейские страны на выучку. Геруц задает вопрос – что бы было, если бы в течение 15 лет по миллиону людей отправлялось бы на 2-3 года учиться земледелию и ремеслам за границу и сам же на него отвечает: «Мы имели бы теперь не менее 10 миллионов молодых, энергичных, знающих, предприимчивых людей на всех поприщах: в войске, во флоте, на фабриках, в ремеслах и, главное, самое главное, на земле. Производительность земледелия поднялась бы. Наша администрация, школа, общество, суд – все возродилось бы под давлением новых молодых сил»[91].

Идеи Геруца, связанные с сельским хозяйством, нашли отклик и у многих представителей русского общества, причем, весьма высокопоставленных. В 1908 г. в Санкт-Петербурге было учреждено общество «Русское Зерно». Оно ставило своей целью содействие частным лицам в изучении «культурных приемов» в области земледелия, сельскохозяйственных промыслов и ремесел.

---

[90] Там же.
[91] Там же.

У общества был свой печатный орган – журнал «Хутор», во многих номерах которого был специальный раздел, посвященный новостям из «Русского Зерна». В этих материалах нашлось место и Геруцу. И это вполне понятно, т.к. он стоял у истоков возникновения «Русского Зерна» и занял важное место в руководстве этого общества. Вот его состав, согласно материалам «Хутора»: «…председателем избран известный сельскохозяйственный и общественный деятель, член Государственного Совета В.И. Денисов, товарищ председателя: член Государственной Думы В.И. Стемпковский и публицист А.А. Столыпин. Секретарем член Государственной Думы Д.П. Марин, заместителем секретаря К. Геруц…»[92]. Отметим, что на первом же собрании общества «Русское Зерно», которое открыл своей речью Е.П. Ковалевский, было упомянуто имя Геруца, причем, в позитивном ключе. Ковалевский, в заключение своей речи «указал на заслуги обрусевшего брата славянина из Хорватии, Крунислава Геруца, который в течении нескольких лет своими статьями и личными беседами проводил мысль о необходимости возникновения общества и положил в это дело немало трудов»[93].

Из приведенной цитаты видно, какую роль Геруц сыграл в самом основании этого общества, если на первом же общем собрании он удостоился публичной похвалы. Его подготовительная работа по организации общества не осталась без внимания. И мы видим, что Геруц пытался сам соответствовать своим установкам и личным примером показывал, как можно налаживать русско-славянские связи. Он и пытался это делать через общество «Русское Зерно», где помимо работы в качестве заместителя секретаря общества, занимался перепиской «Русского Зерна» с его заграничными отделами. Он вошел в состав корреспондентской комиссии (или комиссии сношений) при обществе[94] и на собраниях «Русского Зерна» докладывал присутствующим о результатах сотрудничества с представителями славянских народов. Геруц

---

[92] Хутор. 1909. №1. С. 66.
[93] Хутор. 1909. №2. С. 136.
[94] Там же. С. 140.

работал в обществе «Русское Зерно» до 1913 г., когда он был освобожден от своих обязанностей по собственному желанию[95].

Отметим, что важной частью программы «Русского Зерна» являлась идея об отправке практикантов из числа русских крестьян в славянские земли на выучку. И уже на первом собрании общества становится известно о первых успехах в это направлении. Вот что пишет «Хутор»: «К. Геруц доложил собранию несколько писем из славянских земель, выражающих сочувствие нарождающемуся обществу «Русское Зерно», а именно: от «Славянского клуба» из Праги, выразившего готовность принять на свою попечение все заботы о подыскании мест для питомцев «Русского Зерна» в Чехии и на Мораве и о самом тщательном надзоре за их жизнью и деятельностью…»[96]. Результаты работы Геруца говорят сами за себя – общество «Русское Зерно» признается еще только «нарождающимся», но у него уже есть союзники в славянских (в данном случае, чешских) землях, приветствующих это общество и выражающее готовность содействовать в приеме у себя его практикантов. На появление «Русского Зерна», кроме чешских земель, откликнулись в словенских землях («там заботится о создании подобной организации городской голова И.Ф. Хрибар»[97] – пишет Геруц) и, что самое главное, в хорватских. Там, как пишет журнал, о создании подобной организации заботится «известный хорватский деятель и экономист Степан Радич, который в одном из своих писем пишет, что идеи «Русского Зерна», если будут проведены последовательно, сделают Россию «владычицей Европы и водительницей всего мира»[98].

Во многом благодаря стараниям Радича, сто русских практикантов в конце 1908 – начале 1909 гг. отправились в Хорватию. С. Радич присутствовал на собраниях общества и лично гарантировал успех этой акции. Приезд Радича не остался без внимания «Хутора»: «…только что приехавший в Петербург, хорват Степан Миркович Радич сообщил, что экскурсанты встретят в

[95] *Ровнякова Л.И.* Русско-славянский книжный магазин в Санкт-Петербурге … С. 102.
[96] Хутор. 1909. №2. С. 137.
[97] Там же.
[98] Там же.

славянских землях настолько сочувственный и горячий прием, что им не нужно будет с собою никаких провожатых и руководителей…»[99].

Но Геруц занимался не только налаживанием связей с зарубежными славянами и организацией поездок туда русских крестьян. Он не оставляет своего любимого издательского дела и желания проявить себя в качестве публициста. На собственные средства он в 1909 г. издает брошюру под названием «Две Беседы о «Русском Зерне» – обществе для содействия подъему народного хозяйства». Отметим, в брошюре указано, что она представляет собою «издание Крунислава Юрьевича Геруца», но в то же время вся выручка от ее продажи пойдет в пользу издательского фонда «Русское Зерно». Стало быть, Геруц пытался даже таким образом помогать своему Обществу, содействовать его успеху, используя для этого личные средства.

В брошюре Геруц развивает тему, начатую им в статье «Что делать?» еще в 1905 г. Заместитель секретаря «Русского Зерна», помимо изложения фактической информации об этом обществе, подводит и некоторые итоги его деятельности. Он пишет: «Лучший отклик общество встретило у ближайших заграничных сородичей наших в соседней Австрии, где, как известно, обретается более «двунадесяти языков», начиная от нашего, русского (около 4 000 000 человек), и кончая мадьярским»[100]. Ковалевский совсем не ошибся, когда назвал Геруца «обрусевшим братом славянином». В данном случае он уже совсем откровенно работает на русскую публику. А ведь еще в 1889 году на торжественном собрании по поводу открытия «Славянских Известий» этот человек гордо заявлял: «Я, как хорват…». Да и в статье 1905 г. он писал о «нас, южных и западных славянах», о том, что он только восемнадцать лет живет в России…

Теперь же Геруц, видимо, получил право на то, чтобы писать следующее: «Среди тамошних (австрийских – *М.В.*) славян имеются три народа, Чехи, Словинцы и Хорваты, **которые нам очень близки по языку** (выделено мною –

---

[99] Хутор. 1909. №4. С. 270.
[100] *Геруц К.* Две беседы о «Русском Зерне» – обществе для содействия подъему народного хозяйства. Пг., 1909. С. 4.

М.В.)»[101]. «Наш» Геруц проявляет неплохие познания в области славянской этнографии: «Хорваты даже по одежде, по обычаям, по нравам и всему укладу жизни смахивают на малороссов»[102], которые, как мы видим, могут неплохо ему послужить в деле прохорватской пропаганды в России.

Находится место в брошюре Геруца и простым доводам практического характера в пользу того, что именно от этих трех народов необходимо перенимать усовершенствования в сельском хозяйстве: они не просто успели уже воспринять от Западной Европы все эти усовершенствования, но к ним «и дорога дешевле, и язык их нам близок (через 2-3 недели каждый русский станет все понимать, а через 2-3 месяца обо всем на их языке говорить), и радушия у них для нас найдется более, чем где-либо в другом месте во всем свете»[103]. Кстати, из текста этой брошюры едва ли единственный раз высказано отношение Геруца к полякам. Возможно, он указывает и причину, по которой Геруц игнорирует их во всех своих статьях, посвященных судьбам славянства. Он пишет, что те же чехи хотя по месту жительства хотя и дальше, «но по языку, по чувствам и по стремлениям ближе, чем такие же наши соплеменники, поляки…»[104]. То есть, хотя Геруц и признает их «своими» соплеменниками, но в близости в смысле чувств, языка и стремлений они стоят для него позади чехов.

Наконец, Геруц пытается убедить русского читателя в бескорыстности стремлений и намерений хорватских, словенских и чешских крестьян и помещиков, приглашающих к себе практикантов из России: они «…выразили готовность не только взять к себе в услужение нашу молодежь, но также обучать всему тому, что сами знают и вдобавок еще платить им деньги за работу, то мы можем быть им только от всей души и сердца признательными за их братские отношения и дружбу, тем паче, что они, не ведя с нами никакой

---

[101] Там же.
[102] Там же.
[103] Там же.
[104] Там же.

торговли, от нас не наживаются и не пользовались до сих пор вообще никакими политическими или другими выгодами»[105].

Начало 1900-х гг. прошло для К. Геруца не только под знаком «Русского Зерна». В 1908 г. он, благодаря своим связям в высших кругах общества[106], получил должность библиотекаря в Государственной Думе России. Можно сказать, что работа в законосовещательном органе Российской Империи увлекала Геруца не меньше, чем работа в «Русском Зерне». Подтверждением этого может служить хотя бы тот факт, что Геруц посвятил своей новой работе очередную брошюру «О Думской библиотеке. Несколько слов о задачах и об устройстве библиотеки Государственной Думы», которая была издана в Петрограде в 1909 г. В ней, как и в предыдущей брошюре, тоже нашлось место «славянскому вопросу». Приступая к вопросу о хранении книг и их систематизации, Геруц высказывает мысль о необходимости учреждения в Государственной Думе особые Славянский и Азиатский отделы, и пригласить туда специалистов: славистов, ориенталистов, синологов и индоведов. Сделать это необходимо «ввиду огромного значения восточных и южных соседей России для ее будущих судеб»[107]. Мысль уже знакомая и не раз Геруцем высказывавшаяся. Единственное отличие в том, что в данном случае славяне у него выступают в паре с народами Востока, которые, по его мнению, так же важны для России. Возможно, это одна из форм противопоставления России Западу, идею о которой Геруц уже продвигал в «Санкт-Петербургских Ведомостях». О значении западных соседей Геруц почему-то такого не пишет.

Идея об учреждении Славянского отдела поддерживалась в думских кругах не только Геруцем. К. Геруц приводит в своей брошюре и текст такого проекта, внесенного в Думу графом В.А. Бобринским и подписанного 52 депутатами. В нем, в частности, предлагалось собрать и затем дополнять весь печатный материал по истории, географии, этнографии, общественной и

---

[105] Там же. С. 5.
[106] *Očak I.* Hrvatsko-ruske veze... S. 119.
[107] *Геруц К.* О Думской библиотеке. Несколько слов о задачах и об устройстве библиотеки Государственной Думы. Пг., 1909. С. 11.

экономической жизни славян. В «особом шкафу» предлагалось выставить славянские энциклопедические словари и периодические издания. При Славянском отделе предлагалось учредить литературно-справочное бюро по славянским делам, которое могло бы давать указания по всем вопросам, касающимся культурной, общественной и экономической жизни зарубежного славянства. В плане была затронута и деятельность Канцелярии Государственной Думы. Канцелярии предлагалось предоставлять свои стенографические отчеты и материалы всем славянским периодическим изданиям, в особенности, изданиям славянских парламентов, сеймов, соборов, обществ и т.д. На средства Канцелярии авторы проекта и предполагали осуществлять задуманное[108].

Изложив этот проект целиком, сам Геруц попытался придать ему привлекательность в глазах читателя. В этой работе, как и в брошюре о «Русском Зерне», где идет речь о практической пользе отправки русских практикантов в славянские земли, проводится мысль о выгодности и необременительности (прежде всего финансовой) устройства Славянского отдела при библиотеке Государственной Думы. «Организация Славянского отдела библиотеки не вызовет никаких особых расходов. Если Дума только разрешит своей библиотеке принимать пожертвования и вклады книгами в этот отдел и если библиотека для этой цели устроит при разных однородных заграничных славянских библиотеках сборные пункты, то можно рассчитывать, что через короткое время наберется такой хороший и точный подбор славянских книг, какой пока нигде не существует»[109].

Но Геруцу и другим сторонникам идеи создания при библиотеке Государственной Думы Славянского Отдела не удалось добиться воплощения ее в жизнь. По сведениям И. Очака, против этой инициативы выступил председатель Государственной Думы Н.А. Хомяков. Потерпев в данном

[108] Там же. С. 12.
[109] Там же.

вопросе неудачу, Геруц оставляет работу в Думской библиотеке, но продолжает работать в Думе в кодификационном отделе[110].

Следующий всплеск активности Геруца приходится на начало Первой мировой войны. В 1914 г. Геруц выпускает очередную брошюру. На этот раз он исследует «славянский вопрос» не в контексте сельского хозяйства или организации Думской библиотеки. Его новая брошюра носит ясное и четкое название «Всеславянство и Хорватия», такой же прямотой и открытостью пронизан весь текст. Вот какое у этого труда решительное начало: «Хорватия, занимая северо-западную часть Балканского полуострова, должна – как по соображениям историческим, социальным и экономическим, так и в интересах будущего общеславянского устройства, быть выделена в особый государственный организм и не быть включена в Сербское государство»[111].

Затем в брошюре дается очерк истории Хорватии, которая «начала столетиями раньше, чем Сербия, свою самостоятельную политическую жизнь и до сих пор таковой полностью не утеряла» и хорватский народ, закаливший себя в борьбе против татар, итальянцев, турок, немцев и мадьяр и выработавший свои яркие традиции и свою особую национальную индивидуальность[112].

В самом начале обозначив место хорватского народа в европейской истории, Геруц приступает к собственно славянской теме. И тут у него хорваты лидируют. Ведь еще с XVI века в Дубровнике, в этих «хорватских Афинах» пишет он, проповедовалась идея единого «словинского» народа. Заслугой хорватов явилось и то, что они «подхватили старинное географическое название иллиризма» и что особенно важно, во имя которого они «сражались в 1848 году в Венгрии бок о бок с русскими»[113]. Вот и очередной, в данном случае, безусловно, необходимый реверанс в сторону русской публики, чьи настроения в 1914 году он тем более не мог не учитывать.

---

[110] *Očak I.* Hrvatsko-ruske veze... S. 119.
[111] *Геруц К.* Всеславянство и Хорватия. Пг., 1914. С. 1.
[112] Там же.
[113] Там же.

Но вот что самое интересное. Геруц, продолжая превозносить заслуги хорватов на почве развития идей югославянского объединения, особо отмечает, что в 1860-70-х гг. хорваты предлагали югославянскую федерацию. И это при всех правашских убеждениях Геруца! И это при том, что он никогда не говорил о «югославянской федерации» как о чем-то желаемом для хорватства и славянства, а только о «культурном объединении» и всячески отрицал пользу государственного объединения для славян.

Затем Геруц переходит к разъяснению тех причин, по которым хорваты не должны быть включены в состав Сербии. Сербы, пишет Геруц, никогда не выдвигали общеславянские идеалы, но только «узкорайонные», местные. Кроме того, хорваты не могут примкнуть к сербам еще и по той причине, что они (в пределах Хорватии) последние 50 лет шли «рука об руку с врагами ее, мадьярами и итальянцами»[114]. Кроме того, не следует, пишет Геруц, искусственно смешивать хорватов и сербов, т.к. в таком случае они будут непримиримыми, вечными врагами. Автор брошюры даже отрицает тот факт, что слиться хорватам и сербам мешает различие в вероисповедании. Он пишет о воссоздании «независимой хорватской народной церкви» и даже о том, что «среди хорватского католического духовенства были и есть убежденные проповедники возврата, от насильственно навязанного латинства, к старинному православию…». Да и среди хорватов имеются «фанатичные православные»[115]. Как мы видим, дабы заставить публику поверить его словам и воспринять его идеи, Геруц задействовал весь свой пропагандистский арсенал.

Да и вообще, большинство хорватской интеллигенции и простого народа на самом деле «искренно и горячо сочувствует росту и процветанию ближайших своих братьев сербов», причем, «хорваты дали этому уже тысячу раз реальные доказательства»[116]. К тому же, «хорваты всегда были готовы положить жизнь и душу за братьев своих и множество хорватских солдат и

---

[114] Там же.
[115] Там же. С. 2.
[116] Там же.

43

офицеров добровольцами сражаются также сейчас бок о бок с сербами»[117]. При этом автор не упоминает тех хорватов, которые в это же самое время сражаются против сербов и русских бок о бок с представителями других народов Австро-Венгрии. Геруц уверен в том, что и среди сербов есть «славянолюбцы», которые «вполне согласны с нами хорватами, ближайшими и вернейшими своими братьями и что нам они от всей души помогут благоустроить наш дом»[118]. То есть, все должно закончиться хорошо как для сербов, так и для хорватов и всего остального славянства. Но при том условии, что хорваты, как уже упоминалось, не должны войти в государство сербов и слиться с ними искусственно.

Кроме того, для окончательного урегулирования вопроса Геруц предлагает план раздела хорватской и сербской территории. Хорватии он предлагает оставить северную Далмацию, Турецкую Хорватию (весь левый берег реки Врбаса) и Славонию (кроме Срема), а Сербскому королевству – южную Далмацию, всю Боснию и Герцеговину, Срем, Бачку и Банат[119]. С одной стороны, конечно, в отношении сербов это проявление щедрости. Но как быть со стремлениями правашей объединить Хорватию с Далмацией (причем, со всей, а не с какой-то ее частью)? Или с хорватскими претензиями на Боснию и Герцеговину? В данном случае, предлагается отдать ее всю сербам, хотя несколькими строчками выше Геруц оставляет своим соотечественникам право претендовать на Турецкую Хорватию (Герцеговину)?

Но мирное разрешение всех этих споров, согласно Геруцу, возможно только в случае, если объединенное славянство возьмет под свое покровительство Россия. В таком случае венгерско-немецкое засилье будет уничтожено, хорваты и сербы, «оставшиеся рядом, будут и дальше друг к другу тяготеть», а впоследствии даже сольются «в одном, едином, цельном Славянстве»[120]. В этой брошюре Геруц чуть ли не заискивает перед Россией,

---

[117] Там же.
[118] Там же. С. 3.
[119] Там же.
[120] Там же.

уверяя своего читателя, что если она возьмет Хорватию под свое прямое и непосредственное покровительство, то «хорватский народ, наряду со всеми другими славянскими народами, с любовью и с полным доверием готов исполнить всякое приказание России, пожертвовать всем своим достоянием и жизнью для общего блага»[121]. «Да здравствует Великая Русская Душа, в которой воплотилась всемирная правда и всечеловеческая любовь! Да здравствует Великое Объединенное Славянство. Да процветают и благоденствуют все его дети: русские, поляки, чехи и лужичане; словаки, словенцы и хорваты; сербы, болгаре и македонцы! Да сомкнутся все они дружно и на веки неразлучно вокруг престола своего Единого Всеславянского Царя – Государя!» – восклицает Геруц. Отметим, что, в отличие от других своих текстов, здесь он упоминает названия почти всех славянских народов, вплоть до лужичан и даже македонцев.

В завершение своего описания этой брошюры хотим констатировать тот факт, что ее пропагандистский накал сильнее, чем в любой другой, принадлежащей авторству Геруца. Думаем, что не ошибемся, если назовем ее наиболее тенденциозной из всех, когда-либо им написанных. Это не отменяет того, что составлена она очень талантливо и без внимания автора не остался практически ни один нюанс, касающийся сербо-хорватских отношений, вопросов славянского объединения и роли России в судьбе славянства вообще и Хорватии в частности. Было учтено все, в том числе настроения русского общества на начальном этапе войны. Отметим и смелость автора, не побоявшегося в те дни, когда в силу известных событий большая часть русского общества была охвачена просербскими настроениями, выступить со словом критики в адрес сербов. Геруцу удалось нарисовать идеальную картину будущего общеславянского царства, объединенного под эгидой русского царя, в котором и хорваты заняли бы достойное место, и сербы не были бы обделены. Да и другие народы тоже. Это только делает честь его пропагандистским способностям. Но в ходе войны стало ясно, что на фоне материальных и

---

[121] Там же.

45

территориальных потерь русской армии и складывавшейся в России революционной ситуации идея о «всеславянском царстве», пропагандировавшаяся Геруцем, перестала быть актуальной. Первая мировая война и ее последствия, как известно, совершенно по-другому перекроили карту Европы.

В 1915 г., вскоре после начала Первой мировой войны Геруц стал членом Русско-хорватского общества памяти Крижанича, одной из основных целей которого была забота о военнопленных славянского происхождения, оказавшихся в России. Так, у Геруца были свои информаторы в Первой Сербской добровольческой дивизии, которые сообщали ему о случаях дискриминации несербских добровольцев (прежде всего хорватов). После убийства 13 хорватских добровольцев в октябре 1916 г. Геруц старался привлечь внимания русской общественности к этому событию и составил листовку под названием «Историческое преступление»[122]. Судя по собственному признанию Геруца, в 1916–1917 гг. он выехал в Тифлис «для службы по военному ведомству». В его жизни начался новый этап.

---

[122] *Očak I.* Krunoslav Heruc, pobornik hrvatsko-ruskih veza… S. 158, 161–162 .

Глава II

Монография «Хорваты и борьба их с Австрией» и ее пропагандистское значение. Роль К. Геруца и М. Дошена

Прежде чем перейти к рассмотрению советского этапа жизни Геруца, хотелось бы обратиться к одному из эпизодов его биографии, произошедшему в дореволюционной России. Этот эпизод нагляднее всего показывает результаты его работы по распространению хорватской национальной идеи в России, которая стала привлекать внимание ученых лишь по прошествии долгого времени.

В 1890 г. в Санкт-Петербурге, под именем русского ученого М.М. Филиппова[123] и некоего «М.Д. Билайградского», была опубликована работа под названием «Хорваты и борьба их с Австрией». Эта книга была посвящена современному положению хорватских земель в составе Австро-Венгерской монархии, их борьбой с монархией Габсбургов и перспективам политического развития хорватского народа. В таком контексте хорватская тема в русской литературе, как научной, так и публицистической, еще не звучала.

Уже в первых отзывах на монографию, опубликованных в 1890-х гг., звучали сомнения в том, что ее авторами были русские по происхождению люди. В советской же историографии авторство Филиппова никогда не

---

[123] *Филиппов Михаил Михайлович* (1858–1903) родился в Киевской губернии. Окончил физико-математический факультет Новороссийского университета, опубликовал ряд работ, посвященных разным сферам деятельности. Известны его труды в области философии, экономики, математики, биологии, антропологии, очерки и статьи о русских писателях. В 1894-1903 гг. Филиппов издавал и редактировал журнал «Научное обозрение», в котором публиковались статьи В.И. Ульянова (Ленина) и Г.В. Плеханова. В круг интересов Филиппова входила и славянская проблематика. В 1889 г. он принимал участие в редактировании «Славянских Известий». Перу ученого принадлежат несколько работ, имеющих отношение к истории и бытоописанию зарубежных славян (*Филиппов М.М.* Славянская взаимность в настоящем и будущем // Славянские Известия, 1889, № 1, 2; *Он же.* Греко-болгарский церковный вопрос // Славянские Известия, 1889, №18; *Он же.* Чешский народный театр (у западных славян) // Славянские Известия, 1889, №27; *Он же.* Славянское искусство и славянская промышленность на Парижской выставке // Славянские Известия, 1889, № 29; *Он же.* Ян Гус. Его жизнь и реформаторская деятельность. СПб., 1891; *Он же.* М.Д. Скобелев. Его жизнь и деятельность, военная, административная и общественная. СПб., 1894), среди которых, тем не менее, не было ни одной работы, посвященной Хорватии, за исключением рассматриваемой монографии.

подвергалось сомнению и, в частности, его сын Борис уверенно писал об этом в биографии своего отца[124]. Но в начале 2000-х гг. хорватские ученые М. Гросс и С. Маткович высказали предположение, что автором этой книги был совсем не русский ученый. Вот что пишет М. Гросс: «Первая попытка издать книгу на русском языке, извещающую о хорватах, была предпринята в 1890 г. в Петрограде Крунославом Геруцем и Марко Дошеном под двумя псевдонимами. Как автор указан М.М. Филиппов, а как составитель введения и эпилога М.Д. Билайградский»[125]. Гросс отмечает, что «Филиппов» хотя и отвергает некоторые важные тезисы правашской идеологии, тем не менее, отзывается о Старчевиче и Кватернике в наилучших выражениях. По ее мнению, хотя Старчевич особенно и не был воодушевлен изданием этой книги, но он в то же время был рад тому, что «Билайградский» впервые в истории ясно изложил правашское учение на русском языке[126]. То есть целью издания этой книги было «известить» русскую публику не просто о хорватах, как таковых, но об идеологии одной из хорватских партий. С. Маткович в своей работе «Чистая партия права 1895-1903 гг.» пишет: «Дошен издал в России книгу «Хорваты и борьба их с Австрией»[127]. В «Хорватской энциклопедии» утверждается, что Дошен издал эту монографию именно в сотрудничестве с Филипповым[128]. Так или иначе, в хорватской литературе существует мнение о причастности Геруца и Дошена не только к изданию этой книги (этот факт никем сомнению не подвергается, монография была издана при участии «Русско-славянского книжного склада», владельцами которого были именно Геруц и Дошен), но и к ее авторству. Но, прежде чем перейти непосредственно к выявлению авторства книги, хотелось бы обратиться к сути самой монографии, точнее, к тем ее разделам и главам, которые и дают основание говорить о ее «нерусском» происхождении.

---

[124] *Филиппов Б.М.* Тернистый путь. Жизнь и деятельность русского ученого и литератора М.М. Филиппова. М., 1969. С. 40.

[125] *Gross M.* Izvorno pravaštvo… S. 560.

[126] Ibid. S. 562.

[127] *Matković St.* Čista stranka prava 1895-1903… S. 292.

[128] Hrvatska enciklopedija. Sv. 5. Zagreb, 1945. S. 220; Hrvatska enciklopedija. Sv. 3. Zagreb, 2001.S. 226.

***

Содержание этой работы шире, чем указано в заглавии. В ней приводятся сведения по средневековой истории хорватских земель – исторический очерк и отдельные главы, посвященные возникновению у хорватов письменности и христианизации этого народа. В книге дается анализ развития общественной мысли во второй половине XIX века, а в приложении приведены документы хорватского сабора, сведения о наречиях хорватского языка и многое другое. В данной главе мы обратимся к трем ключевым темам, затронутым в монографии. Это развитие общественной мысли в России и связанный с ним интерес к зарубежным славянам в русском обществе, и двум хорватским «национально-интеграционным идеологиям» – югославизму и правашству. Особый интерес представляет именно разделы монографии, посвященные лидерам Партии права, которые стали для некоторых хорватских историков основанием для сомнений в русском авторстве этой книги.

Свою осведомленность об общем ходе развития общественной мысли в России автор показывает уже в предисловии к книге. За точку отсчета своего повествования он взял зарождения двух главных течений – западничества и славянофильства. Последнему автор уделил, конечно, больше внимания. Он проследил развитие славянофильского течения, начиная с 1840-х годов, отмечал появившиеся изменения в последующие десятилетия, вплоть до 1880-х гг. В адрес славянофильства автор высказывал не одни только критические замечания, но и признавал, что у этого течения были весьма «талантливые представители». Автор даже решил подробнее остановиться на различиях между «чистым славянофильством» и направлением М. Каткова, его, как пишет автор, «государственной теории». «Глубочайшее и коренное различие между катковским направлением и учением славянофилов состоит в том, что Катков ставил «полицейское государство» (Polizeistaat по терминологии немецких юристов) выше всякого национального принципа, тогда как для славянофилов

49

государство является лишь одним из средств для достижения высшей национальной цели»[129]. Смысл этого разъяснения можно понять, прочитав приведенную автором книги цитату из статьи сотрудника «Московских Ведомостей» И. Ф. Циона. «Для России, Франции и остальной Европы падение Австро-Венгрии было бы несчастием, могущим иметь неисчислимые последствия... поневоле ужасаешься мысли о потрясениях, которые причинило бы падение австро-венгерской монархии, находящейся в центре Европы, при столкновениях, которые возникнут между национальностями, столь враждебными между собою»[130]. Автор называет идеи Циона «несообразными», но им важнее доказать различие между катковским и славянофильским направлениями.

Он пытается провести черту между славянофильством и славяноведением, видимо, для того, чтобы показать – эти понятия не идентичны. «Слависты и славянофилы нередко шли у нас разными путями», отмечается в книге. Автор работы прослеживает динамику интереса к зарубежному славянству в русском обществе, так же как и изменения внутри славянофильского течения на протяжении девятнадцатого столетия. Он отмечает, что очередной всплеск интереса русского общества к славянам был вызван событиями на Балканах. И поэтому в центре его внимания оказались, как он пишет, «юговосточные» славяне, в то время как «славяне австрийские, от которых мы частью заимствовали самую идею о славянском единстве, были оставлены в стороне, а о поляках у нас почти забыли»[131]. Уделено внимание знаменитой работе Н.Я. Данилевского «Россия и Европа», которая была оценена в положительном ключе, а также двум еженедельным изданиям, «посвященным специально славянству» – «Славянской корреспонденции» и, самое важное, «Славянским Известиям». Говоря о возобновившемся в русском обществе после 1879 г. интереса к западному славянству, автор отметил, что среди них сильнее всего национальное самосознание проявилось у чехов и у

---

[129] *Филиппов М.М.* Хорваты и борьба их с Австрией. Пг., 1890. С. 9.
[130] Там же. С. 7-8.
[131] Там же. С. 4.

хорватов. «Хорватам посвящена настоящая брошюра, имеющая главной целью указать русскому обществу на необходимость ближайшего ознакомления с нашими западными единоплеменниками, известным под общим именем австрийских славян»[132] - пишет он. Становится понятным весь этот подробный разбор истории славянофильства, славяноведения и интереса к славянам у русской публики на протяжении большей части XIX века. Он необходим для какого-то логического обоснования появления такой монографии о хорватах в России, где наблюдается «всплеск» интереса к зарубежному, и, в частности, к западному славянству.

В монографии, как уже отмечалось, немало внимания уделено средневековой хорватской истории, культуре и письменности, а также политической ситуации в хорватских землях. Одна из глав работы, посвященная Е. Кватернику и А. Старчевичу, носит название «Хорватская партия права». Биографический очерк о Кватернике начинается словами о том, что именно этот человек особенно интересен «для нас, русских»[133]. Интересно, что и повествование о нем начинается лишь с момента приезда в Россию в 1858 г. Такой авторский ход наверняка делался в расчете на симпатии русского читателя, ибо это было время, когда «взрыв сочувствия к русскому народу и государству» возбудила в хорватском обществе Крымская война. То есть, во времена, тяжелые для России, хорваты в нее верили и поддерживали ее.

Цель приезда Е. Кватерника в Россию не скрывается, тем более что она вполне разделяется автором книги: «при посредстве России объединить Хорватию и освободить ее от австрийского господства»[134]. Он приводит имена многих русских общественных и политических деятелей, с которыми Кватерник вступил в контакт: граф Н.П. Игнатьев, профессора Срезневский и Ламанский и т.д. С удовольствием отмечается, что не было недостатка в людях, сочувствовавших идеям Кватерника, но что в правительственных сферах эти идеи поддержки не находили. Хотя Кватерник, как указывается в книге, и

---

[132] Там же. С. 11.
[133] Там же. С. 42.
[134] Там же. С. 43.

разочаровался в России, но в то же время не терял надежды на русскую помощь. При этом, обращаясь к пребыванию Кватерника во Франции, автор прямо указывает, что «Кватерник ищет помощи для хорватов везде, где надеется найти»[135].

Особое внимание в монографии уделено изданной во Франции работы «Хорватия и итальянская конфедерация» («La Croatie et la confederation Italienne»), в которой ней описываются заслуги хорватов перед «христианством, цивилизацией и человечеством», излагаются хорватское государственное право, а также неблагодарность Австрии по отношению к хорватам. Отмечается, что это сочинение привлекло к хорватам симпатии французов и итальянцев. В труде «Историческое дипломатическое отношение королевства Хорватия к венгерской короне святого Стефана» («Das historisch diplomatische Verhältnisz des Königreich Kroatien zu der Ungarischen St.Stefan's Krone»), изданном на немецком языке, Кватерник «доказывает рядом исторических фактов, что Хорватия есть государство совершенно независимое и на которое корона Св. Стефана (т.е. Венгрия) не имеет никаких прав». Видимо, ради достижения большего эффекта замечено, что «книжка была распродана в течение одной недели»[136].

Автор, рассказывая о трех партиях, представленных в саборе в 1861 г., упоминает его, наряду со Старчевичем, как одного из лидеров партии права, которая «отстаивала открыто и с решимостью свободу и независимость Хорватии, на основании государственного права хорватов»[137]. Как отмечается, сам Кватерник на саборе выступил с рядом предложений которые вели к освобождению и объединению Хорватии.

Говоря о преследованиях Кватерника австрийскими властями, особый упор делается на то, что «австрийские власти решили, что хорватский патриот – *русский подданный*, требовали от него русского паспорта и по отсутствию

---

[135] Там же. С. 45.
[136] Там же.
[137] Там же. С. 46.

такового, добивались высылки Кватерника...»[138] Отмечается и то, что на первых порах необходимые документы из России ему получить не удалось. Смерть Е. Кватерника в 1871 г. описывается в книге в самых героических тонах: он, по их словам, «...был подло *убит предательским образом* австрийскими агентами» во время «народного восстания». Автор даже предполагает, что это «народное восстание» (имеется в виду восстание 1871 г. на Военной Границе) было организовано Австрией с целью погубить Кватерника[139].

Несмотря на приведенное в монографии утверждение, что Кватерник особенно интересен для русских, раздел, посвященный ему, весьма краток. Его можно скорее назвать небольшой биографической справкой, да и то неполной, если учитывать, что начальный период его жизни не освещен вообще. Работы Кватерника в большинстве своем только перечислены, никакого развернутого описания его идей не дается – только общие фразы о враждебности Австрии и мадьяр по отношению к хорватам. Даже образ России как объединительницы славянства здесь обрисован достаточно слабо, и русские официальные власти, отказавшие в свое время Кватернику в помощи, никак авторами не оправдываются. Предположим, что этот раздел помещен в книге не столько для пропаганды именно его идей, сколько ради логического построения главы о хорватской партии права, так как следующий за ним раздел об Анте Старчевиче был бы невозможен без рассказа о Кватернике. Тем более что Старчевич называется автором монографии его «преемником». И последнему уделено гораздо больше внимания.

Что касается раздела, посвященного А. Старчевичу, то его можно назвать целиком и полностью идеологическим по своему содержанию. В отличие от раздела про Е. Кватерника, здесь не приводится вообще никаких биографических сведений. Эта часть посвящена исключительно разбору его взглядов, публицистических произведений и речей.

---

[138] Там же. С. 47.
[139] Там же. С. 48.

Впрочем, помимо разбора старчевичевской идеологии, в разделе присутствует и оценка личностных качеств лидера правашей. Автор не скупится на патетическую лексику, дабы представить Старчевича в самых героических тонах: «Старчевич не ученый, вроде, например, Палацкого. Это человек с кипучей южной натурой, пламенный оратор. Его слог отличается убедительностью и ясностью доказательств. Старчевич беспощадно побивает своих противников; желая прямо высказать истину, он никогда не колеблется и не допускает середины; говорит резко и откровенно, о ком бы ни шла речь – о *русских, поляках или хорватах* (курсив авторский – *М.В.*)[140]. Такого описания не удостоился даже Кватерник.

Что касается собственно воззрений Старчевича, то основное внимание уделено, как отмечает сам автор, истории развития его взглядов на Австрию. Он приводит его раннее мнение на эту проблему: для Хорватии лучше оставаться автономным краем, подвластным Габсбургской династии, так как существование этой династии зависит от хорватов, а существование хорватов – от династии. В этом, как мы считаем, заключается косвенное авторское признание того факта, что Старчевич не всегда был ярым противником Австрийской монархии и когда-то считал, что сосуществование Габсбургской династии и хорватов может быть вполне гармоничным, т.к. эти два элемента взаимосвязаны[141].

Перемену во взглядах Старчевича на Австрию автор книги объясняет тем, что «Старчевич, как практический политик, отлично понимает, что tempora mutantur (времена меняются)» и приводят его слова: «В то время… еще не существовало ни Германии, ни Италии, но можно было ждать их возникновения. Зная немецкие, итальянские, а отчасти и русские притязания,

---

[140] Там же. С. 51.

[141] М. Гросс в работе «Настоящее правашство» («Izvorno pravaštvo») приводит интересные сведения о том, что в 1845 году Старчевич написал стихотворение в честь австрийского императора Фердинанда V, в котором провозгласил его «отцом хорватского рода», уверял, что «славянин» прольет последнюю каплю крови за империю. Стихотворение было опубликовано в печатном органе иллиров «Даница». Исследовательница пишет: «…молодой Старчевич был воспитан на убеждении иллиров, что правитель с ними…Этому мышлению он резко воспротивился, когда перестал жить «чужим умом», а это произошло уже в конце 1848 года» (*Gross M.* Izvorno pravaštvo…S. 39-40).

мы, говорит Старчевич, думали, что им можно противодействовать, если Австрия будет свободною, счастливою, единою и сильною»[142]. Появление же объединенной Германии способствовало изменению ситуации. Автор книги откровенно издевается над Австро-Венгерской империей, пытаясь доказать, что в то время, в 1860–1870-х гг., никто в Европе не принимал ее всерьез. Это уже даже не критика в адрес неблагодарных Габсбургов, это попытка выставить Австрию как игрока на европейском политическом поле в самом невыгодном свете: «Каким «значением» пользовалась Австрия в 60-х годах и даже 70-х (до заключения австро-германского союза) видно из того, как с ней обращались соседи. Стоило одной соседней державе заявить, что князь Турн-и-Таксис должен остаться в Вене – и князь не поехал… Австрия была готова признать права чешской короны, но воздержалась от этого по указанию соседней державы… Лорд Россель, рассылая дипломатические ноты по поводу франко-прусского столкновения, послал их даже в Бельгию и Португалию, но не в Австрию»[143]. В монографии утверждается, что «великой державой» Австрия стала только после заключения союза с объединенной Германией. Особо отмечается, что Австрия не смогла справиться с восстанием в Боке Которской, т.е. с «бунтом нескольких хорватских селений»[144]. Возможно, это даже какой-то намек на то, что Австрию как государство не только не уважают в Европе, но и сам австрийский имперский механизм настолько слаб, что те же хорваты смогут без особого труда расшатать его, если уже в рамках «нескольких хорватских селений» этот механизм не прошел проверку на прочность.

Тут же как раз кстати и процитированные в монографии слова Старчевича: «…если наступят неизбежные события, если воображаемая сила (Австрия) окажется лишь позорной слабостью, эта партия (Партия права – М.В.), защищавшая право и общий интерес, но спасшая лишь собственную честь, убедится, что хорваты ровно ничего не потеряют и что метафизические

---

[142] *Филиппов М.М.* Хорваты и борьба их с Австрией... С. 53.
[143] Там же. С. 54.
[144] Там же.

55

державы гибнут вместе с делами рук своих»[145]. В такой несколько завуалированной форме Старчевич выражает надежду на то, что «метафизическая держава» Австро-Венгрия прекратит свое существование как нежизнеспособное образование. Отметим и добросовестность автора, показавшего именно эволюцию взглядов Старчевича на Австрию и на ее роль в хорватской истории и современности. Он не пытался доказать, что Старчевич впитал ненависть к Габсбургской монархии чуть ли не с молоком матери и всегда считал ее злейшим врагом хорватов. Напротив, он показывает, что развитие событий, перемены общеевропейского масштаба (такие, как появление сильной Германии и зависимость от нее Австрии) привела Старчевича к мысли о том, что у такого государственного образования, как Австрия, нет будущего и хорватам от гибели этой империи, по крайней мере, не будет хуже.

Обращает на себя внимание то, что немало места в разделе про Старчевича занимает изложение его позиции по оккупации Австро-Венгрией Боснии и Герцеговины. Автор старается убедить читателя в том, что «при всем своем «панхорватизме» Старчевич вовсе не фанатик, каким его считают» и приводит в пример его речь 1878 г., в которой он выступил против оккупации Боснии и Герцеговины: «Хотя при его воззрении на этот край, как составную часть земель короны королевства Хорватии, Старчевич, по-видимому, должен был бы радоваться захвату этих земель, и ограничиться требованием, чтобы они попали в руки хорватов»[146].

Старчевич вначале осуждает саму восточную политику Австро-Венгрии, которую считает непоследовательной: «Австро-Венгрия держала сторону и Турции, и против Турции, и России, и против России»[147]. Австрия, пишет лидер правашей, подталкивала Турцию к войне с Россией[148], но в то же время

---

[145] Там же. С. 55.
[146] Там же.
[147] Там же. С. 57.
[148] М.Гросс отмечает, что в своей речи лидер правашей отказался от своего осуждения России «как врага Балкан». Он высказал позитивное отношение к русской политике, во всяком случае, по сравнению с австрийской: «Помимо прочего, он сказал, что «так называемая эгоистичная Россия»

содействовала последней, например, в вопросе о пересмотре условий Парижского мира, способствуя ослаблению Турции. Кроме того, Австрия подстрекала население Боснии против Турции. «Жалобы боснийцев против Турции посылались в то время не в Петроград, а в Вену»[149] - отмечает Старчевич. И он абсолютно прав, такого рода подстрекательства и в самом деле имели место. Еще в самом начале 1875 г. на секретном заседании коронного совета в Вене обсуждался план оккупации Боснии и Герцеговины[150], и именно австрийцы в июне того же года переправили вглубь турецкой территории несколько тысяч винтовок[151].

Что же касается собственно австро-венгерского военного присутствия в Боснии и Герцеговине, то Старчевича не устраивает то, что Австро-Венгрия не заключила соглашение по управлению этим краем с Турцией, под чьей властью он формально оставался. Лидер правашей спрашивает: «Чего мы хотим в Боснии? Наша оккупация может иметь лишь два последствия. Наши войска либо уйдут прочь, либо останутся в стране. Если мы уйдем, то спрашивается, зачем мы истратили столько денег и понесли столько кровавых жертв? Если мы останемся, то, спрашивается, под какою вывескою?»[152]. Он пытается уличить австрийские власти в «двойных стандартах», спрашивая – если мы остаемся там только потому, что умиротворили край, то Россия имеет такое же право занять Венгрию. Кроме того, Старчевич замечает: если Австро-Венгрия так смотрит на Боснию, то почему она в то же время отрицает такие же на нее претензии со стороны Черногории и Сербии?

Как можно было бы заключить из этой речи лидера правашей, основной вопрос, волнующий его, связан с нарушением Австрией своих международных обязательств и вообще status quo в Европе – по крайней мере, в отношении Боснии и Герцеговины. Да и автор придерживается схожего мнения и пишет,

---

открыла выход к морю всем народам, вместо того, чтобы разделить его с Турцией» (*Gross M.* Izvorno pravaštvo... S. 346).
[149] *Филиппов М.М.* Хорваты и борьба их с Австрией... С. 57.
[150] Международные отношения на Балканах. 1856-1878. М., 1986. С. 255.
[151] *Айрапетов О.А.* Внешняя политика Российской Империи (1801 - 1914). М., 2006. С. 304.
[152] *Филиппов М.М.* Хорваты и борьба их с Австрией... С. 59.

что в данном вопросе Старчевич стоит исключительно на государственной позиции. И эта его речь для него является поводом, чтобы, как и Старчевич, поставить под сомнение необходимость существования Австро-Венгерской империи: «Если бы действительно существовала серьезная австрийская или австро-венгерская государственная идея, если бы могли найтись люди, способные провести эту идею в жизнь, они должны были бы ухватиться за аргументацию Старчевича. Но австрийская идея, как сознает Старчевич, есть «род метафизический»[153]. Осознает это и автор книги, осознает и вполне разделяет взгляды Старчевича на «метафизичность» Австрии. Отсюда можно сделать простой вывод: раз нет ясной австрийской или австро-венгерской идеи, при помощи которой можно обосновать, например, переход Боснии и Герцеговины под австрийский контроль, то значит Австро-Венгрия нежизнеспособна как государство, и этот край она не удержит.

Но эту речь Старчевич произнес, по крайней мере, не только потому, что он, как утверждают авторы, стоит на «государственных» позициях. В монографии приводится мнение Старчевича, согласно которому «предъявлять права на этот край может лишь хорватская корона, т.е. *свободное национально-хорватское государство, а никак не нынешняя австро-венгерская правительственная власть*»[154].

Следовало бы, однако, отметить, что автор книги все же не собирается выступать только проводником идей Старчевича, без своего особого взгляда на них и хоть какого-то критического к ним отношения. Он заявляет, что их точка зрения на боснийский вопрос, хотя скорее и формально, но отличается от позиции Старчевича. Хотя он также считает, что Босния и Герцеговина должны быть признаны частями хорватского королевства, на основании истории и государственного права, но все же не отрицают, что «вследствие долговременного турецкого владычества культура этого края стала во многом

---

[153] Там же. С. 60.
[154] Там же.

отличною от хорватской»[155]. Кроме того, автор считает нужным обратить внимание на «великосербские притязания» на этот край. Поэтому, полагает он, вопрос о Боснии и Герцеговине должен быть поставлен «на вполне нейтральной почве», чтобы не давать, с одной стороны, повода, к сербо-хорватской распре, а с другой – дать населению Боснии и Герцеговины заявить, к кому оно хочет примкнуть.

Автор монографии предлагает свой, довольно любопытный план решения боснийского вопроса и делает такие же интересные выводы. Он предлагает «опереться на международные трактаты» и убедить большинство держав высказаться против австрийской оккупации. После того, как этот край вновь окажется на положении турецкой провинции, ему необходимо предоставить автономию по образцу Восточной Румелии. В Боснии и Герцеговине, таким образом, должно, по мнению автора, появиться народное представительство, а краем будет управлять христианский генерал-губернатор. «Тогда вскоре обнаружится тяготение этого края и к Сербии, и к Хорватии. Тем временем разовьется идея хорватско-сербской взаимности. Уже теперь сербские радикалы по воззрениям гораздо ближе к «хорватской партии права», нежели бывший напредняцкий и либеральный режим»[156]. С одной стороны, в монографии косвенно признает наличие в Боснии сербского элемента, и тот факт, что часть ее населения будет тяготеть к Сербии так же, как и к Хорватии. Автор уверен в том, что к тому времени разовьется идея хорватско-сербской взаимности и как пример приводят «близость» сербской радикальной партии и хорватской партии права. Но с другой стороны, не говорится ничего более конкретного о том, как именно должно развиваться хорватско-сербское сближение, чем оно должно завершиться и, самое главное, с чьей стороны будут сделаны уступки. Прямо об этом не сказано, но из приведенного автором примера можно было бы заключить следующее. Именно сербские радикалы становятся ближе хорватским правашам, а не наоборот. Если распространить

---

[155] Там же. С. 61.
[156] Там же. С. 61-62.

эту логику на хорватско-сербское сближение в целом, то становится ясно, что авторы хотят видеть уступки в ходе этого сближения только со стороны сербов. А значит, и их возможное растворение внутри хорватской нации. То есть, этот план, представленный в книге, по сути своей не завершен – окончательная судьба Боснии и Герцеговины не совсем понятна. Каков будет статус края, даже в случае успешного развития идеи хорватско-сербской взаимности, исходя из данного плана сказать невозможно, как раз потому, что неясна форма и содержания этой взаимности.

В разделе, посвященном Старчевичу, изложены его взгляды и на другие вопросы. К примеру, лидер правашей касается такой обширной темы, как западное и восточное христианство, то есть католицизм и православие. Автор приводит выдержки из его сочинений, в которых лидер правашей с одной стороны заявляет, что «никогда (?) (знак вопроса поставлен автором монографии – *М.В.*) западная и восточная церковь не были единой церковью: это были две половины, которые соглашались в сущности предмета веры, в остальном же каждая из них шла своим путем», а с другой стороны признает, что «до триумвирата Авмросия, Августина и Иеронима западная церковь не имела великих учителей; в том только смысле западная церковь была «ученицею» церкви восточной (biaše učenicom iztočne)»[157]. Кроме такого признания исторических заслуг восточной церкви перед всем христианством, Старчевич вполне положительно высказывается о русском православном духовенстве и после нескольких критических замечаний в его адрес (и то довольно осторожных, вроде «многое еще остается желательным»), он пишет: «...все же это духовенство не оставляло свой народ, не доводило его до скотского состояния, не убивало в нем любовь и веру»[158]. И тут автор вновь вклинивается в цитату из Старчевича со своими домыслами и предположениями – он пишет, что в данном случае сделан намек на «славосербское» духовенство в Хорватии. Сам же Старчевич, помимо этого,

---

[157] Там же. С. 63.
[158] Там же. С. 64.

выступает против претензий римского папы (тогда Льва XIII) на светскую власть и высказывает убеждение в том, что католицизм в России вряд ли будет сильнее, чем в остальных странах, поскольку «только вера живая, искренняя и сопровождаемая добрыми делами может господствовать над сердцами людей»[159].

Следует отметить, что автор не стал приводить в тексте монографии многие критические высказывания Старчевича в отношении «восточной церкви»: так, лидер правашей, сравнивая католическое и православное духовенство, осуждает последнее за то, что оно стало «слепым орудием» властей[160].

В авторском изложении позиция Старчевича по вопросу о западном и восточном христианстве такова: «Он враг папизма, т.е. светской власти папы, но в то же время он не относится с особым увлечением к нашим националистам, которые утверждают, что все славяне-католики обречены на неминуемую национальную погибель»[161]. Сам автор книги считает православие как форму церковной организации более предпочтительным перед католицизмом, но и видеть в хорватах и в славянах-католиках вообще «отщепенцев славянства» не собирается. То есть, его мнение в этом вопросе с мнением Старчевича практически совпадает. Впрочем, хотелось бы отметить, что было бы слишком поверхностным со стороны автора видеть в православии только «форму церковной организации», не обращаясь к ее сути и коренным ее отличиям от католицизма. Тем более что он сам же и цитировали лидера правашей, утверждавшего, что общее у католицизма и православия только предмет веры, а в остальных вопросах две церкви расходятся.

В монографии приводятся некоторые отрывочные высказывания Старчевича не только о православном русском духовенстве, но и о России вообще. По его мнению, «Россия никогда не шла по пути Византии и в этом даже ее счастье... мы уверены в том, что будь действительно так, Москва могла

---

[159] Там же. С. 63.
[160] *Gross M.* Izvorno pravaštvo… S. 603.
[161] *Филиппов М.М.* Хорваты и борьба их с Австрией… С. 66.

бы разделить участь Византии (т.е. подчиниться татарам так, как Византия подчинилась туркам)»[162]. После этого, мягко говоря, спорного утверждения лидер правашей выражает свое восхищение Александром II, который, по его мнению, сделал Россию государством, идущим по пути права и прогресса. Он называет освобождение крестьян величайшим переворотом, когда-либо известным в истории народов. Но даже и в самом крепостном праве в России Старчевич находит что-то достойное похвалы. Он сравнивает русских помещиков и польских дворян в плане их отношения к крестьянам. И сравнение делается не в пользу поляков, чье дворянство которое, как пишет лидер правашей, «угнетало и губило народ», имея неограниченную власть над своими крестьянами. Кроме того, Старчевич даже пишет о некоей «тройной реформе», которую предстоит совершить России: нравственно-религиозную, политическую и социальную – и все три, по его мнению, Россия проведет мирным путем.

Изложены в разделе и мысли Старчевича по поводу идеи славянского объединения. Причем, перед изложением взглядов лидера правашей по этому вопросу автор монографии пишет следующее: «Я позволяю себе процитировать выдержки из одного частного письма А. Старчевича, которое автор разрешил предать гласности»[163]. Эта цитата, на наш взгляд, может говорить о многом, в частности, о том, что автор книги каким-то образом имеет возможность использовать частные письма Старчевича с его же разрешения. Можно предположить, что автор монографии «Хорваты и борьба их с Австрией» был знаком с лидером правашей – либо лично, либо поддерживал связь с ним через третьих лиц, которые могли передать ему одно из писем Старчевича для опубликования. Кроме того, этот эпизод с опубликованием частного письма с ведома автора выглядит как элемент пропагандистской работы правашей на территории России.

---

[162] Там же. С. 64.
[163] Там же. С. 66.

Что же касается непосредственно содержания этого частного письма Старчевича, то в нем он ставит всем славянским народностям в пример жителей других стран, где есть разные государства, народности, наречия, верования, обычаи, законы и т.д., и что, тем не менее, обитатели этих земель стремились и стремятся к соединению в области языка и материальных интересов. То же Старчевич хочет видеть и среди славян, но он считает, что «до поры до времени не следует пренебрегать отдельными наречиями, пока не установится общий литературный язык»[164]. Таким литературным языком, по авторскому мнению, Старчевич считает русский. Хотя прямо в письме об этом и не сказано, но автор, видимо, основывает свое мнение на следующей цитате: «Писатели пишут, чтоб их читали люди, а где столько людей, как в России»[165]. И приходит к выводу, что Старчевич вовсе не враг, а, напротив, сторонник объединения единоплеменных народов. «Но он считает ложною мысль, что такое объединение может быть достигнуто политическими, административными и вообще искусственными мерами. Единственный верный путь к языковому единству единоплеменных народов есть *путь постепенного развития* и прежде чем выработается русский как общелитературный язык, необходимо еще выработать частное литературное единство, например, словенцев с хорватами, словаков с чехами»[166].

В завершение раздела о Старчевиче, автор напрямую затронул и болезненную тему сербско-хорватских отношений в его работах. Главная из них – известная брошюра «Имя серб». Автор сразу же спешит привести цитату из ее предисловия, в котором Старчевич говорит, что он намерен писать «не о народе, не о сословии, не о исторических событиях, а единственно об имени»[167]. И «тенденцию» этой брошюры автор обозначает сразу же после этой упреждающей цитаты. Состоит она в том, чтобы «уверить самих сербов, что они, будучи единоплеменниками хорватов, напрасно называют себя сербами,

---

[164] Там же.
[165] Там же.
[166] Там же. С. 67.
[167] Там же. С. 68.

так как это последнее имя, ставшее у римлян синонимом раба (servus), подобно тому, как у германцев таким же синонимом стало имя славянин (Sclave), едва ли может считаться приличным названием свободного народа»[168].

По отношению к идеям данной брошюры автор занимает не совсем однозначную позицию. Он, как это не удивительно, сразу же отверг этимологические заключения Старчевича, замечая, что он «обставил свое исследование весьма солидною, хотя и тенденциозною аргументацией; но едва ли эта аргументация достигает цели»[169]. И тут же твердо заявляет, что «каково бы ни было происхождение имени «серб», оно освящено веками»[170].

Но на деле автор просто не согласен с распространением такого мнения на все сербское население. Так, он пишет о политической и культурной «отдельности» населения Сербского королевства и Старой Сербии от населения Хорватии, которая проводит между ними глубокую черту, которую можно устранить лишь путем культурного сближения. Но что касается сербов, проживающих в Транслейтании, то по отношению к ним и только к ним, считает автор, как раз и следует применять положения работы Старчевича. И сербо-хорватская рознь на территории Хорватского королевства, по их мнению, носит совершенно иной характер. Автор считает, что она является порождением новейшего времени и существует главным образом в интеллигентской, а не в народной среде. Он даже именует сербское население «так называемым», ставя под сомнение его истинную принадлежность к сербству.

Чтобы подвести под свою позицию более прочное основание, он ссылается на воспоминания патриарха Арсение Чарноевича, под руководством которого значительное число сербов переселилось в конце XVII в. в пределы Габсбургской империи. Он использует его слова о том, что он привел с собой и несколько десятков тысяч румынских семей. Эти переселенцы, как утверждается, «не существуют», поскольку они «похорватились», приняли

---

[168] Там же.
[169] Там же.
[170] Там же. С. 68.

хорватский язык, и только интеллигенция считает себя сербской. Автор берется утверждать, что словом «сербы», наряду со словами «православные» или «рищани», т.е. христиане, выходцы из простого народа определяют только свое вероисповедание, «но по национальности сплошь и рядом называют свой язык хорватским, себя хорватами или именем области, где поселились»[171]. И все эти данные, как утверждается в монографии, показывают, что на территориях, на которые распространяется хорватское государственное право», этническое различие между сербами и хорватами основано на не слишком надежных основаниях. Это различие, оказывается, подогревается «славо-сербской» интеллигенцией, которая действует заодно с Австрией, пользуясь принципом «divide et impera». Автор приводит конкретный пример: «Все без исключения сербские депутаты на хорватском сейме известны как сторонники либо мадьяр, либо австрийцев, т.е., другими словами, их лозунг: против хорватов и их государственного права. *Удивительно ли поэтому, что хорваты и особенно Старчевич, враги сербов этого рода*»[172].

Итак, несмотря на то, что автор книги расходится со Старчевичем в вопросе о происхождения имени «серб», они разделяют мнение лидера правашей об отсутствии на хорватских территориях сербского народа как такового[173]. Зато обличается интеллигенция, считающая себя сербской, получающая поддержку от Австрии и сама поддерживающая австрийцев и венгров на хорватском саборе. Это очень эффектный пропагандистский прием, который дает понять русскому читателю: автор книги не отрицает существование сербского народа на территории Королевства Сербии и в Старой Сербии, он не видит сербов только в хорватских пределах. Причем, даже создается впечатление некоторой обособленности и независимости авторской

---

[171] Там же. С. 70.

[172] Там же.

[173] В современной хорватской историографии принято считать, что Старчевич при объяснении происхождения имени «серб» пользовался «вульгарной» или, по меньшей мере, «примитивной» этимологизацией (см. *M. Gross*. Izvorno pravaštvo… S. 58). Хотя некоторые историки (например, Д. Павличевич) в какой-то степени оправдывают Старчевича и утверждают, что лидер правашей отрицал сербское имя и язык во имя борьбы за существование хорватского имени и культуры (*D. Pavličević*. Povijest Hrvatske… S. 269).

позиции от позиции Старчевича по поводу происхождения имени «серб». Он даже называет его аргументацию «тенденциозной». Но в главном вопросе они с лидером правашей солидарны – никаких сербов на территории «хорватского королевства» нет! Есть только проавстрийски и провенгерски настроенная интеллигенция, считающая себя сербской. И если читатель уже успел проникнуться сочувствием к борьбе хорватского народа за независимость как в минувшие столетия, так и в настоящее для него время, и смог почувствовать неприязнь к австрийцам и мадьярам, то вполне вероятно, что и к «сербам такого рода» (по выражению авторов) он будет относиться не лучше.

Как мы видим, по сравнению с Е. Кватерником, жизнь и деятельность Старчевича в соответствующем разделе рассмотрены в монографии гораздо более подробно и, как нам кажется, с большей охотой. Точнее, только деятельность. Биографических сведений о Старчевиче не приведено никаких. Хотя автор с видимым удовольствием описал все черты его характера, которые могут вызвать симпатию, его профессиональные ораторские качества и даже его «резкость и сарказм» для них «вполне понятны». Он пересказывает и прямо цитируют его работы, посвященные самым разным вопросам общественно-политической жизни славянства, России и Австрии. Он пытается представить его истинным хорватским патриотом, в то же время далеким от «фанатизма», проросийски настроенным политиком, хотя и «далекого от преклонения перед всем русским», ученым, негативно высказывающимся о происхождении названия «серб», но не врага сербского народа, сторонником объединения славянских народов, тем не менее, осуждающим политические и вообще «искусственные» меры, направленные на такое объединение. В то же время, будучи согласным со Старчевичем по всем вопросам в целом, автор в каких-то случаях позволяет себе отделять свое мнение от мнения лидера правашей и даже высказывать некоторое несогласие с ним. Пусть несущественное, но видимость объективности таким образом создается. И на обозрение русскому читателю представлен честный, бесстрашный хорватский патриот, который не боится говорить «резко и откровенно, о ком бы ни шла речь – о *русских, поляках или хорватах*»[174]. Такой человек может вызвать только уважение.

В отличие от Старчевича, никакого уважения у автора не вызывает епископ Й.Ю. Штроссмайер, о деятельности которого немало упоминается в главе под довольно громоздким названием «Австрийский Панславизм, Иллиризм, Югославизм, Триединое королевство, славосербы». Несмотря на то, что автор монографии выступал за сближение сербов и хорватов на почве «культурной взаимности», а также «обоюдного признания прав, добытых и тем, и другим народом в течение их исторического существования»[175], он считал, что это не может быть достигнуто путем отказа от своей народности и принесении ее в жертву «фикции югославянства». Тем более что «югославизм» и родственные ему теории редко бывали искренними, являясь, в большинстве случаев, лишь орудием, которым пользовалась Австрия в борьбе против хорватской национальной идеи»[176] - отмечается в монографии.

Главный же сторонник «югославянских идей», Штроссмайер, являлся, по мнению автора, «тонким политиком», умевшим «пустить пыль в глаза многим славянофилам и прослывший заклятым врагом мадьяр и великим «славянским» патриотом»[177]. Он называет его и «тонким дипломатом» и в то же время «ловким оппортунистом». То есть, он, по крайней мере, признает незаурядность этого политического, общественного и религиозного деятеля, его талант и способности, несмотря на расхождение в политических взглядах. Но именно такие политические противники, как правило, вызывают наибольшие опасения и представляют собой наибольшую угрозу. Автор осведомлен о сложившемся в русском обществе положительном мнении о Штроссмайере, как среди славянофилов, так и среди представителей других общественных течений не связанных со славянофильством (в пример они приводят положительный отзыв А.Н. Пыпина о Штроссмайере). И он желает опровергнуть это положительное

---

[174] *Филиппов М.М.* Хорваты и борьба их с Австрией... С. 51.
[175] Там же. С. 91.
[176] Там же.
[177] Там же. С. 93.

мнение о хорватском епископе. Даже более того – его деятельность планируется «выставить в истинном свете»[178].

В чем же, заключается, например, «оппортунизм» Штроссмайера? В том, что отправив телеграмму в Россию по поводу 900-летия крещения Руси, епископ испытал на себе «гонения» со стороны императора Франца Иосифа, и все же называет его любимым монархом. Автор книги пытается найти злой умысел в желании Штроссмайера добиться церковного единения между Западом и Востоком. Он усматривает в этих объединительных порывах епископа униатские стремления и даже объявляют его ярым борцом за унию, что, конечно, никак не могло быть воспринято в русском обществе положительно. И, несмотря на всю свою неприязнь к славянофилам, он признает «справедливым» их мнение об унии как о «величайшем бедствии, когда-либо тяготевших над русскими землями» и, кроме того, не забывает отметить унию как один из главных поводов борьбы Руси и Польши[179].

Для большей убедительности в книге цитируется (точнее, по большей части пересказывается) письмо Штроссмайера к П. Пирлингу, автору книги «Папство и царская власть», в которой, как сообщают авторы, пишется об отношении католицизма к русской политике. Главная мысль Штроссмайера в письме, в изложении автора монографии предстает следующим образом: в России все зло состоит в подавлении народа аристократией, но после того, как это ярмо будет сброшено, наступит истинная свобода, которая будет состоять в освобождении церкви от власти государства. «Церковь станет автономной и тогда присоединение восточной церкви к западной станет лишь вопросом времени»[180]. Все эти идеи Штроссмайера не цитируются, а только пересказываются. Но, переходя к обозначению «способа», с помощью которого Штроссмайер хотел бы «присоединить восточную церковь к западной», автор приводит цитату, по поводу которой может возникнуть немало вопросов.

---

[178] Там же.
[179] Там же. С. 94.
[180] Там же.

Вот эта цитата: «Для этого нужно немногое: массовое обращение русского народа в католицизм. Этому «полезному» делу епископ будет содействовать всеми своими силами»[181]. Если это цитируется фраза из письма Штроссмайера, который, выходит, желал окатоличивания русского народа, то пропагандистский эффект был бы точно таким, какого и добивались авторы. Но вряд ли Штроссмайер стал бы писать о себе в третьем лице и высказываться о своих же идеях в таком иронично-отрицательном тоне. Ведь получается, что вся эта цитата взята целиком из письма епископа. Кавычки закрываются не после слова «католицизм», а после слова «силами». Именно так все и выглядит в оригинальном тексте. Если бы все было иначе, и закавычена была бы только фраза про обращение русского народа в католицизм, то это и выглядело бы гораздо логичнее и не вызывало бы вопросов. Цитировалось бы письмо Штроссмайера, а автор после этой цитаты высказывался бы так, как он считал нужным и оценивал бы ее в соответствии со своими взглядами. А так все смотрится достаточно нелепо. Впрочем, существует вероятность и того, что при наборе текста в типографии А. Катанского, была сделана банальная опечатка. С другой стороны, в главе о Старчевиче автор монографии приводил цитаты из его работ все же более аккуратно. И при наличии каких-то своих особых мыслей по тому или иному поводу, не совпадавших с воззрениями лидера правашей, он не скрывал их и не заключал в кавычки вместе с цитатами из Старчевича. И это при том, что к лидеру правашей автор относился со всей возможной симпатией. А здесь «мысли Штроссмайера» и их вовсе не позитивная авторская оценка в одних кавычках…

Очевидно, что политическая позиция автора в вопросе как о лидерах Партии права, так и о Штроссмайере показана совершенно открыто. И в целом создается впечатление, что автор решил скомпрометировать в глазах русской читающей публики как «югославянские теории» в целом, так и епископа Штроссмайера в частности, а на его фоне выставить в еще более выгодном

---

[181] Там же.

свете лидеров партии права. Это было важно сделать и ввиду того, что Штроссмайер был довольно популярен в России.

Такая осведомленность автора о лидерах Партии права, желание доказать их дружественность России и диаметрально противоположное отношение к Штроссмайеру, вызывали вопросы уже у первых ее читателей. Автор одной из рецензий на монографию, опубликованную в «Славянских известиях», филолог И.Н. Половинкин отзывается о книге так: «Написана она чрезвычайно живо, с огнем, и читая ее, никак не можешь отрешиться от назойливо лезущей в голову мысли, что автор книжки – не русский человек, а хорват, и даже не настоящий хорват, а какой-нибудь прозелит хорватства»[182]. Некоторые современные хорватские историки разделяют это мнение. Поэтому следовало бы подробнее остановиться именно на проблеме авторства этой монографии.

Но прежде чем обратиться непосредственно к анализу этой проблемы, хотелось бы подробнее остановиться на откликах на эту монографию в России, которые появились вскоре после ее выхода в свет. Интересно, что самый первый из них приведен в ней самой. Открывается монография своеобразным предисловием «Письмо хорвата к автору книги», а завершается эпилогом под названием «Суждение хорвата об Австрии». Письмо подписано именем М.Д. Билайградского, а эпилог – инициалами «М.Д.Б.», т.е. судя по всему, автор предисловия и эпилога – один и тот же человек. М.Д. Билайградского на первый взгляд справедливо было бы причислить к авторам данной книги. Но в данном случае он выступает в качестве автора отзыва на нее, хотя бы как автор «Письма», исходя из текста которого становится ясно – Билайградский ознакомился с книгой еще до ее публикации. Во всяком случае, о предыдущих и последующих изданиях монографии «Хорваты и борьба их с Австрией» никаких сведений нет. Впрочем, и в сноске к эпилогу авторами указывается, что «настоящий эпилог прислан нам одним хорватским **публицистом** (выделено мной – М.В.), который прочел нашу книгу в корректурных листах и сделал нам многие полезные указания. Проносим ему нашу сердечную

---

[182] Славянские Известия. 1890. №26.

благодарность»[183]. Это единственные сведения об «М.Д.Б.», которые приводят авторы монографии.

В «Суждении хорвата об Австрии» содержатся только изложенные вкратце положения, которые более подробно можно найти в основном тексте монографии. Практически все, что писали авторы о средневековой хорватской истории, враждебной Австрии, мадьярах, «славосербах», Штроссмайере, Старчевиче и партии права, обобщено и закреплено в эпилоге М.Д. Билайградским. И поскольку авторы монографии доверились ему как автору эпилога ко всей книге, можно сделать вывод, что взгляды М.Д. Билайградского, выраженные в этом эпилоге, нисколько не противоречат их собственным взглядам. А в «Письме хорвата...» можно найти не только сторонний взгляд на эту работу, но и некоторые отличные от авторских суждения.

М.Д. Билайградский выражает свое удовлетворение самим фактом появления такой книги, весьма справедливо указывая, что «до сих пор в России, исключая двух трех авторов, никто не интересовался судьбами нашего народа... кроме сочинения покойного Березина, да отрывочных заметок Погодина, Гильфердинга, Кочубинского и немногих других писателей, в русской литературе ровно ничего не написано о политических отношениях хорватов, – особенно что касается нового времени»[184]. Да и те русские писатели, которые занимались хорватскими сюжетами, рассматривали хорватский народ, по мнению Билайградского, «сквозь призму, поставленную перед их глазами австрийскими «учеными славистами», имевшими в виду далеко не научные цели»[185]. Для М.Д. Билайградского важно и то, что авторы судят о хорватах «не только не с немецкой, но и не с так называемой «славянофильской» точки зрения, которая, к сожалению, преобладает у многих русских авторов»[186].

---

[183] *Филиппов М.М.* Хорваты и борьба их с Австрией... С. 151.
[184] Там же. С. III-IV.
[185] Там же. С. IV.
[186] Там же. С. V.

71

Итак, Билайградский всячески приветствует появление монографии «Хорваты и борьба их с Австрией», отмечает ее новизну и одобряет авторский подход, не проавстрийский и не славянофильский. Но в его «письме» можно найти и такие суждения, которые даже более радикальны, чем суждения авторов монографии. Если авторы монографии положительно отзывались о славянском единении, пусть даже только культурном, то Билайградский позволяет себе более резкие суждения о самой идее в целом. Он пишет о «несостоятельности» славянского единства, об отсутствии веры в будущность «славянства», но в то же время замечает: «Мы глубоко убеждены и верим в общность интересов и стремлений хорватского народа с интересами и стремлениями великого русского народа»[187]. То есть, идею «славянского единства» Билайградский не просто отвергает, но противопоставляет ей идею русско-хорватской взаимности. Его «Письмо...» наполнено дифирамбами в адрес «силы и мощи» русского народа. Говоря о значении русской помощи балканским славянам, Билайградский, между прочим, отмечает, что «в Сербии и Болгарии явились ученики немцев, которые отплатили России неблагодарностью»[188]. И хотя он не противопоставляет сербов и болгар хорватам, можно предположить, что вряд ли это замечание сделано Билайградским случайно. Но, несмотря на то, что Билайградский высказывает более резкие суждения об идее славянского единства, авторы, тем не менее, открыли его письмом свою книгу, даже поместив свое предисловие только после него. И никаких возражений с их стороны высказано не было.

У автора одной из уже упоминавшихся рецензий на монографию, опубликованной в «Славянских известиях», И.Н. Половинкина хотя и возникли сомнения относительно русского авторства книги, но серьезных выводов он все же не делает и не подвергает сомнению авторство Филиппова, которого он, тем не менее, называет «хорватофилом». Половинкин отмечает, что «такие резкие и пристрастные суждения, какие позволяет себе господин Филиппов, могут

---

[187] Там же. С. VI.
[188] Там же.

только раздражать и сеять раздоры и свары», хотя в то же время считает, что «книжка будет очень полезной для русской публики по множеству приведенных по ней фактов и цитат, рисующие далеко не красивые отношения австрийского правительства к хорватам, а за ними и ко всем славянским народностям Австро-Венгрии»[189].

В тех же «Славянских известиях» опубликовал свой отзыв на монографию и ученый-славист А.Л. Погодин. Он справедливо отмечает, что в России до последнего времени именно о хорватах писалось едва ли не менее всего: «кроме сочинений Березина и отрывочных статей М.П. Погодина, Гильфердинга, Кочубинского, в русской литературе ничего не написано о прошедшем хорватов и об их политических отношениях к Австрии, в особенности за последние двадцать пять лет; поэтому только что изданная господином Филипповым книгу «Хорваты и борьба их с Австрией» должна иметь для нас особенный интерес»[190]. Погодин, в отличие от Половинкина, высказывается о монографии исключительно в позитивных выражениях. Его одобрение вызывает и сама деятельность Партии права. «...Она только исполняла свой долг, служа народу всеми законными и честными средствами, – пишет Погодин, – пусть же и впредь она мужественно и искренно заявляет народу, и правительству, и всему миру, обо всем, что соответствует истинным народным интересам. Правдой, а не ложью, честностью, а не лицемерием, мужественной решимостью, а не трусостью, можно отстаивать свои права и выяснять истинное положение народа. До тех пор, пока «партия права» действует таким образом, пока она охраняет народные права, или, лучше, последнюю корку хлеба, только Австрия и ее достойная челядь может называть настоящих сынов хорватского народа мятежниками и бунтовщиками»[191].

Наиболее же взвешенная и основательная рецензия на монографию принадлежит историку Е.А. Белову. Он, в отличие от Половинкина и Погодина, не просто пересказывает содержание монографии, но и вспоминает историю

---

[189] Славянские Известия. 1890. №26.
[190] Славянские Известия. 1890. №28.
[191] Там же.

хорвато-российских связей, в частности, роль Крижанича в истории России, деятельность Петра I, заимствовавшего, по словам автора, из работ хорвата сведения о славянах, и о славянском вопросе в целом. Белов с удовлетворением пишет о пророссийских симпатиях Крижанича и цитирует приведенные в монографии слова Старчевича и Билайградского о роли России и русского народа в славянском мире, в частности, об обрусении всех остальных славян: «Столь ясно и определенно высказанные задушевные мысли лучших представителей хорватского племени, высказанные на расстоянии двух веков, заслуживают внимания всякого мыслящего человека...»[192]. Автор разделяет мысль автора монографии о нежизнеспособности Австро-Венгрии и об объединительной и просветительской роли России, считая, что и сами русские должны показывать пример другим славянам, быть достойными своей роли: «Не рассуждениями о кириллицах и глаголицах привлечем мы славян, а широким развитием», особо отмечая, что «не одну одноплеменность ценят хорваты, но едва ли не больше степень культурного развития в тех народах, помощи которых они добиваются»[193].

Теперь обратимся непосредственно к проблеме авторства монографии «Хорваты и борьба их с Австрией». Документов, непосредственно свидетельствующих о том, что Геруц и Дошен участвовали в составлении текста монографии, пока не найдено. Поэтому, для того чтобы приблизиться к решению этого вопроса и сделать обоснованные предположения, мы обратимся к основным тезисам некоторых статей и Филиппова и Геруца, попытаемся выявить сходства и различия в выдвигаемых этими авторами идей, и сопоставить их с основными положениями, представленными в монографии о хорватах. Именно такой анализ даст возможность приблизиться к решению вопроса об истинном авторстве книги. Основное наше внимание будет уделено статье «Слово к русским и слово к славянам» К. Геруца, двум публикациям

---

[192] Разведчик. 1890. №35.
[193] Там же.

М.М. Филиппова «Славянская взаимность в настоящем и будущем» и «Еще раз о славянской взаимности», а также некоторым другим их работам.

Вначале обратимся к вопросу о культурном объединении славян, который занимает важное место в работах Филиппова и Геруца[194]:

М.М. Филиппов	К. Геруц	Монография «Хорваты и борьба их с Австрией»
Вопрос о славянской взаимности не должен быть смешиваем с теми, частью несбыточными, частью преждевременными, национальными и политическими иллюзиями… Мы *не станем… рассматривать вопрос об общеславянском литературном языке…* гораздо более практичным для ближайшего будущего мы считаем вопрос о распространении изучения всех, или, по крайней мере, некоторых славянских наречий во всех славянских землях[195].	…нужно соразмерить программу взаимного сближения и не мечтать об обрусении или об объединении, а только о братском содействии: *не ставить во главе славянского вопроса ни религиозное, ни государственное единение,* а идти навстречу только культурным стремлениям славян[196].	…он (Старчевич – *М.В.*) считает *ложною мысль,* что такое *объединение* может быть *достигнуто политическими, административными* и вообще искусственными *мерами*[197].
…для ближайшего будущего всякому славянскому деятелю предстоит две главные задачи: первая… есть	Есть почва, на которой сходятся вполне этические интересы сербов, хорватов и словинцев, всем жизненно и одинаково	…воссоединение этих двух разрозненных теперь ветвей славянского племени (сербов и хорватов –

---

[194] В приведенных цитатах, кроме особо оговоренных, курсив мой – *М.В.*
[195] *Филиппов М.М.* Славянская взаимность в настоящем и будущем…
[196] *Геруц К.* Слово к русским и слово к славянам…
[197] *Филиппов М.М.* Хорваты и борьба их с Австрией… С. 67.

задача чисто *культурная*, состоящая в умственном, экономическом и нравственном сближении всех славянских народностей[198].	симпатичная - это *почва чистой славянской культуры*[199].	*М.В.*) возможно лишь *на почве культурной взаимности* и обоюдного признания прав, добытых тем и другим народов в течение их исторического существования[200].

Не менее важна и позиция двух авторов по поводу славянофилов и славянофильской идеологии:

М.М. Филиппов	К. Ю. Геруц	Монография «Хорваты и борьба их с Австрией»
Идеи Скобелева в общем те же, что и у других выдающихся славянофилов новейшего периода. Не соглашаясь с ними ни в их отправных пунктах, ни во многих частных выводах, я полагаю, однако, что, *раз турецкая война была затеяна хотя бы и под давлением тех же славянофилов, ее следовало довести до конца* (курсив авторский - *М.В*)... Не менее правы были славянофилы и в том	Прямо ужас берет, когда читаешь (в 1888 г.) записных славянофилов передовицу, написанную одним из вожаков этой партии: надо, мол, заокруглить границу между славянством и германством, отдав чехов на съедение Пруссии... *Пророческая программа прежних славянофилов отвергается наотрез большинством нынешней интеллигенции,* получившей слишком бесцветное и	*Славянофильство,* имевшее весьма талантливых представителей, должно было отступить на второй план и частью *переродилось...* утрачивая прежние научно-философские основы... слависты и славянофилы нередко шли у нас разными путями[203].

---

[198] *Он же.* Славянская взаимность в настоящем и будущем....
[199] *Геруц К.* Слово к русским и слово к славянам...
[200] *Филиппов М.М.* Хорваты и борьба их с Австрией... С. 91.

отношении, что осуждали редакцию Берлинского трактата, разрезавшего Болгарию надвое, не установившего законного срока для австрийской оккупации в Боснии и вообще лишившего нас – по крайней мере для того времени – всех плодов турецкой войны[201].	противуславянское образование[202].	

Наконец, отношение к Сербии и сербам - еще один общий вопрос, который затрагивался как в работах Филиппова и Геруца, так и в рассматриваемой монографии:

М.М. Филиппов	К. Ю. Геруц	Монография «Хорваты и борьба их с Австрией»
…у сербов проявляются два важных качества, давно известные из их поэтических произведений: *отсутствие* рабского подражания иностранным образцам и разумный патриотизм[204].	Сербы, *стремясь захватить* слева и справа побольше у своих соседей, тратят… непроизводительно свои силы и *отстают в культурном и политическом развитии[205].*	…великосербские притязания на Боснию и Герцеговину не могут быть оставлены без внимания, так как для Сербии путь к Адриатическому морю есть жизненный вопрос… Не совсем уверенная в возможности достигнуть Адриатического побережья, Сербия все же фатально стремится к

[203] Там же. С. 3.
[201] *Он же.* М.Д. Скобелев. Биографическая библиотека Ф. Павленкова… С. 87-88.
[202] *Геруц К.* Слово к русским и слово к славянам…
[204] *Филиппов М.М.* Славянское искусство и славянская промышленность на Парижской выставке…
[205] *Геруц К.* Червонная Хорватия…

		морскому берегу: отсюда ее *неосновательные притязания* и на всю Македонию, включая Солунь[206].
…вообще маленькая Сербия, включающая лишь часть великого сербского народа, не посрамила себя на выставке, и все, данное ею, составлено с толком… Можно себе представить, как много дала бы Сербия в том случае, если бы она соединила в себе всю сербскую народность, и если бы долговременная эксплуатация со стороны Австро-Венгрии не была помехой ее народной промышленности[207].	Сербы… никогда не выдвигали общеславянские, а лишь свои узкорайонные, местные идеалы. Поэтому становится понятным, почему такие общеславянские энтузиасты как хорваты, не могут всецело и без оглядки примкнуть к сербам, шедшим, в пределах Хорватии, за последних 50 лет весьма часто с врагами ее, мадьярами и итальянцами[208].	Вся так называемая сербско-хорватская рознь в Хорватском королевстве есть порождение, главным образом, новейшего времени и существует не в народе, но в так называемой интеллигенции, которая порою служит самым лучшим орудием австро-венгерских махинаций[209].

Итак, в вопросе о культурном объединении позиции авторов во многом совпадают – оба они выступают против немедленного введения

---

[206] *Филиппов М.М.* Хорваты и борьба их с Австрией… С. 61.
[207] *Он же.* Славянское искусство и славянская промышленность на Парижской выставке…
[208] *Геруц К.* Всеславянство и Хорватия… С. 1.
[209] *Филиппов М.М.* Хорваты и борьба их с Австрией… С. 69.

общеславянского литературного языка и «обрусения». В монографии приводятся схожие утверждения, что славяне должны объединяться прежде всего в сфере культуры только путем постепенного развития. С другой стороны, в статье Геруца речь идет в том числе о возможности объединения хорватов с сербами и словенцами. В книге обнаруживается похожая мысль о необходимости «частного литературного единства» именно хорватов и словенцев. У Филиппова же в данном контексте нет упоминаний о каком-либо конкретном славянском народе.

Что касается славянофильской идеологии, то особое внимание стоит обратить на осуждение Геруцем поздних славянофилов, своих современников. Аналогичные высказывания встречаются и в тексте монографии о хорватах, где «чистое» славянофильство отделяется от славянофильства «переродившегося», утратившего прежние ценности и осуждаются славянофильские «шаблонные суждения» о славянах-католиках. В свою очередь, в пользу авторства Филиппова может свидетельствовать его в целом критическое отношение к славянофильскому течению как таковому, но при этом одобрение деятельности отдельных его представителей.

Отношение к сербам, выраженное в отдельных публикациях и Геруца, и Филиппова, наиболее ярко демонстрирует различие в их позициях. Филиппов восхваляет героические качества, присущие сербскому народу и восхищается Сербией, в то время как Геруц же высказывается по этому поводу скорее как сторонник хорватской государственной идеи, указывая на экспансионистскую политику Сербии и на деструктивную роль сербов, проживающих в Хорватии. Очевидно идейное сходство этих положений Геруца с утверждениями о «великосербских притязаниях» на Боснию и Герцеговину и Македонию, и о сербских депутатах хорватского парламента, встречающиеся в тексте монографии.

Таким образом, основываясь на результатах сравнительного анализа выдержек из статей Филиппова и Геруца, а также текста самой монографии можно утверждать, что позиция хорватского публициста имеет больше сходства с основными идеями монографии «Хорваты и борьба их с Австрией», нежели позиция русского ученого Филиппова. Мог ли Филиппов, авторство которого кажется очевидным многим отечественным исследователям, быть автором фундаментального труда, если учесть, что в его других произведениях хорватская тема вообще не затрагивается?

Что же касается второго автора монографии, которым, по утверждению М. Гросс, являлся Марко Дошен, то в пользу его авторства свидетельствует хотя бы его псевдоним – как инициалы «М.Д.», так и приставка «Билайградский». Дошен в своем псевдониме фактически указал на свое происхождение[210]. Косвенно в пользу его причастности к написанию монографии говорят и приводимые в хорватских справочных изданиях сведения о партийном задании, с которым он отправился в Россию. Возможно, одной из целей этого задания и было установление контактов с Геруцем и Филипповым и совместное написание и издание такой монографии. Судя по всему, именно Крунослав Геруц и Марко Дошен, привлекшие к участию М.М. Филиппова, и являются авторами монографии. Об этом, как было показано, свидетельствуют следующие научные факты:

1) Геруц и Дошен были активистами Партии права, и во многих работах Геруца затрагивается тематика, присутствующая и в монографии, тогда как в работах Филиппова ее нет;

2) Цитаты из частного письма Старчевича и тексты выступлений лидеров Партии права, приведенные в монографии «Хорваты и борьба их с Австрией», подтверждают, что авторы книги имеют отношение к правашскому движению;

3) В текстах Геруца и в тексте монографии прослеживается одинаково позитивное отношение к деятельности Партии права и ее лидеров;

---

[210] Билай (Bilaj или Bilaj-grad, т.е. «город Билай») – небольшое поселение в Лике, ныне часть г. Госпич, центра хорватской жупании Лика-Сень. Фамилия «Дошен» весьма распространена в этой области, бывшей тогда частью Военной Границы. Известно о полном тезке и однофамильце коллеги Геруца, генерале Марко Дошене Билайградском, воевавшем в 1848-1849 гг. в Италии и Венгрии и о нескольких граничарских офицерах, носивших фамилию «Дошен Билайградский» – Лавославе и Антуне (Visoki oficiri Ličani. Lički zbornik 1940. Godina 81-86. Gospić, 1939).

4) Позиция Геруца по отношению к сербскому народу, в отличие от позиции Филиппова, совпадает с той, что представлена в монографии.

Возникает вопрос – с какой целью было осуществлено издание этой монографии, в которой сведения научно-исторического характера тесно переплетены с пропагандистско-публицистическими? Следует учесть, что Партия права и ее лидеры в последней трети XIX в., особенно после русско-турецкой войны 1877-1878 гг., стали рассматривать Россию как возможную союзницу в борьбе с монархией Габсбургов. С другой стороны, русско-австрийские отношения, и раньше никогда не отличавшиеся бесконфликтностью, именно в середине 1880-х годов резко обострились из-за разногласий на Балканах. Можно предположить, что правашская верхушка попыталась воспользоваться сложившейся ситуацией и с помощью своих доверенных лиц в России издать монографию, которая могла бы ознакомить русского читателя с идеями Партии права, представленных в самом позитивном свете и, таким образом, вызвать у русского читателя симпатию по отношению к правашским идеям. Видимо, и Геруц, и Дошен не хотели афишировать свое авторство, возможно, по требованию кого-то из правашских лидеров, дабы никто не заподозрил их в пропагандистских намерениях, и скрылись под псевдонимами. Вероятно, расчет делался и на то, что в образованных кругах России все воспримут как должное выход этой монографии именно под именем Филиппова, к тому времени известного как разносторонний автор, опубликовавший множество работ на самые разные темы, в том числе и касающихся истории и культуры славян.

Но вне зависимости от того, с какой целью была издана монография, и кто стал ее подлинными авторами, нет сомнения, что «Хорваты и борьба их с Австрией» – талантливое произведение, во многом оказавшее влияние и на развитие отечественной кроатистики, а определение ее авторства есть, по сути, определение места этой книги в истории хорватско-русских связей.

Глава III

Деятельность Крунослава Геруца в Советской России

До настоящего времени о жизни и деятельности Геруца после Октябрьской революции было мало что известно. Установлено, что в 1917 г. Геруц отправился на Кавказ, сначала в Северную Осетию (известно, что он выступал во Владикавказе с публичной лекцией «Славянство и международное трудовое общение»[211]), а затем в меньшевистскую Грузию. По данным хорватского историка И. Очака, в течение нескольких лет он возглавлял там Кавказский библиографический институт и государственную библиотеку, а также «Тифлисское сельскохозяйственное общество», в котором проводилась мысль о возможности торговли с новым югославянским государством[212]. Там же он пытался создать общество «Кавказское зерно» (по аналогии с русским) и даже пытался привлечь на свою сторону чешского политического деятеля, первого премьер-министра Чехословацкой Республики К. Крамаржа[213]. Важные подробности послереволюционной жизни Геруца, многие из которых нашли подтверждение в недавно обнаруженных нами архивных документах, приводит болгарский историк С. Елдыров, ссылаясь на его биографа Н. Карджиева, лично знавшего Геруца еще с болгарских времен. По данным Карджиева, до 1921 г. Геруц основал несколько обществ на кооперативных началах (садоводческих, пчеловодческих, лекарственных растений), а также музей образцов товаров при Грузинской торгово-промышленной палате. Но после установления в Грузии Советской власти хорватский публицист, по информации Карджиева, подвергся преследованиям и был выслан советскими властями сначала на Урал, а в 1928 г. в Каракалпакскую автономную область Туркестанской АССР[214].

---

[211] Об этом см.: *Метревели О.* Владикавказ: начало двадцатых // Дарьял. №2. 2004. С. 80–101.
[212] *Očak I.* Krunoslav Heruc, pobornik hrvatsko-ruskih veza... S. 162.
[213] Об этом см.: *Фирсов Е.Ф.* Кавказские гуманитарные проекты хорватского деятеля в России К. Геруца...
[214] Цит.по: *Елдыров С.* Крунослав Геруц (1859–1929) – «посредник» между двумя славянскими культурами... С. 93–94.

Дата и место смерти Геруца неизвестны. Из обнаруженных к настоящему времени документов, свидетельствующих о жизни Геруца, наиболее поздним по хронологии является его письмо к Н.К. Крупской, которое датируется 5 августа 1934 г. Поэтому следует признать ошибочными версии, согласно которым Геруц в середине 1920-х гг. выехал из Грузии на родину, в Хорватию (И. Очак) или погиб в ходе большевистских репрессий в Средней Азии в конце 1920-х гг. (С. Елдыров).

Ценным источником, позволяющим узнать о советском периоде жизни и деятельности Геруца, является его «Краткая автобиография», обнаруженная в одном из фондов Государственного архива Российской Федерации (Ф. А-7279, «Секретариат заместителя наркома просвещения Н.К. Крупской»). До сих пор этот документ не использовался в отечественной или какой-либо другой историографии. В нем Геруц так описывает первый этап своей послереволюционной биографии: «В 1916–1917 гг. я был приглашен на службу по военному ведомству, в Тифлисе, где и оставался до 1922 г. и вернулся в Москву в 1923 году, где поставил себе вновь как главную задачу: организацию рабочих и крестьян на трудовую производственную заработную практику (одновременно я занимался в 1924 году в Госиздате, где первый организовал передвижные книжные вагоны и фургоны) и в «Крестьянской газете» (1925 г.), куда я был приглашен товарищем Яковлевым[215] для стимуляции повышенного тиража. О посланчестве на производственную практику я печатал в «Правде» и других газетах статьи, товарищ Крупская напечатала в трех изданиях статью о моей полезной деятельности. Среди ответственных деятелей партии и правительства «посланческий метод» приобрел много сторонников»[216].

Подтверждением этих слов Геруца может послужить опубликованная в 1923 г. в газете «Правда» статья Н.К. Крупской, возглавлявшей тогда Главполитпросвет при Народном комитете просвещения, а с 1929 г. занимавшей должность заместителя наркома просвещения РСФСР. Эта статья

---

[215] *Яковлев (Эпштейн) Яков Аркадьевич* (1896–1938) – советский государственный и политический деятель, нарком земледелия СССР.
[216] ГАРФ. Ф.А-7279. Оп. 12. Ед. хр. 17. Л. 86.

называлась «Посланчество» и являлась реакцией на одно из писем Геруца, адресованных Крупской. «Я получила письмо от К. Геруца, организатора «института деревенских заграничников»,– пишет Крупская, – в деле поднятия сельского хозяйства он, по его словам, является с 1905 г. проповедником посланческого (командировочного) метода и практически проводит его с 1908 г.»[217].

По словам Крупской, Геруц предложил отправлять сельскую молодежь на «заграничную заработную трудовую практику» в Чехию, Данию и даже в Боснию. При этом он сослался на свой дореволюционный опыт: на работу в «Русском зерне» и на свои статьи, в которых он пропагандировал идею отправки русских крестьян за границу.

Н.К. Крупская высоко оценила это предложение Геруца. Она назвала его план «очень ценным» и предположила, что он может иметь «громадное будущее». Крестьянин, по мнению супруги В.И. Ленина, не будет «пользоваться книжкой для улучшения хозяйства», ему необходим конкретный пример такого улучшения, ему нужна практика. Но Крупская считала, что отправка русских крестьян за границу должна быть соответствующим образом подготовлена и организована: среди крестьян необходимо проводить тщательный отбор, проводит с ними предварительные беседы, отправлять их нужно только в образцовые хозяйства, снабдить их планом наблюдений, оградить их от эксплуатации и «фашистской агитации»[218].

Конечно, на тот момент идея Геруца об отправке крестьян из Советского Союза в Европу не могла воплотиться в жизнь. Среди предлагавшихся им для сельскохозяйственного обмена стран ни Дания, ни Чехословакия, ни Королевство СХС по состоянию на 1923 г. не признали СССР и не установили с ним дипломатические отношения. Более того, Чехословакия и особенно Королевство СХС являлись центрами белой эмиграции в Восточной Европе. Поэтому Крупская и высказывал свои опасения насчет «фашистской агитации».

[217] *Крупская Н.К.* Педагогические сочинения. Т.8. М., 1960. С. 71.
[218] Там же. С. 72.

Среди других препятствий она назвала безработицу и переизбыток рабочих рук в Европе, а также «боязнь советской агитации»[219]. Поэтому она предлагает применять «посланческий» метод Геруца внутри страны: отправлять крестьян в отечественные «культурные хозяйства» и в «школы сельской молодежи», после которых они в дальнейшем могли бы выезжать и за границу.

Но в начале 1920-х гг. Геруцу не удалось претворить свои идеи в жизнь. Из его автобиографии следует, что в конце 1925 г. он был арестован по ложным доносам, и выслан из Москвы в Кудымкар, центр Коми-Пермяцкого национального округа, но через год освобожден из ссылки и проживал до октября 1927 г. в Тюмени[220]. Судя по письму Геруца Н.К. Крупской от 3 июля 1934 г., авторы доносов обвиняли его в стремлении «наладить посылку рабочих и крестьян за границу на трудпрактику для того, чтобы их там заразить фашизмом»[221]. Видимо, именно статья самой Крупской, в которой она упоминала «фашистскую агитацию» и послужила поводом для кого-то писать доносы на Геруца, приписывая ему подобные стремления.

Находясь в ссылке, Геруц продолжал свою деятельность, связанную с совершенствованием сельского хозяйства и с «посланчеством». Так, в 1927 г. в журнале «Власть Советов», печатном органе Всероссийского Центрального Исполнительного Комитета (ВЦИК), была опубликована его статья «О дерзаграх и посланчестве». В ней хорватский публицист призывает «возобновить прерванный войною и революцией посланческий метод поднятия сельского хозяйства и общей культуры»[222]. Геруц уже открыто приводит в качестве положительного примера деятельность дореволюционного общества «Русское зерно». Он пишет о «блестящих результатах», которые были достигнуты под руководством этого общества в 1909–1914 гг.: «Сотни молодых людей (в том числе и девушек), побывши с полгода или более в Дании, Чехии, Хорватии или даже только в Курляндской или Лифляндской губерниях,

---

[219] Там же.
[220] ГАРФ. Ф. А-7979. Оп. 12. Ед. хр. 17. Л. 86.
[221] Там же. Л. 105.
[222] *Геруц К.* О дерзаграх и посланчестве // Власть Советов. №5. 1927. С. 13.

возвращались домой и с заработком, и возрожденными закаленными прогрессистами (обновленцами) в хозяйстве. Об этом свидетельствуют два тома «Писем крестьян» (Петроград, 1911–1914 гг.)»[223].

Судя по всему, Геруц и в 1920-е гг. продолжал поддерживать связи с кем-то из крестьян, побывавших до начала Первой мировой войны за границей благодаря посредничеству «Русского зерна», либо побывавших там уже после 1918 г., благодаря какому-то из грузинских проектов Геруца. По его словам, в Коми-Пермяцком округе до сих пор живут некие «герои-дерзагры, которые, вернувшись из плена, в этом суровом климате победили природу, победили соседей, перешли на многополье, завели клевер, корнеплоды, улучшили скотные дворы и заставили соседей и целые деревни потянуться за собой... Но рядом с ними есть бывшие военнопленные, которые по слабости характера живут и бедствуют по старинке»[224]. Он призывает их «подбодрить, организовать и втянуть в советское хозяйственное строительство», лучших из них – премировать, а также поощрять их добровольное переселение в наиболее отсталые деревни. Судя по всему, Геруц действительно решил показать на личном примере, совместно со знакомыми ему «дерзаграми», как следует на практике воплощать идею прогрессивного развития сельского хозяйства. Но без поддержки властей Геруцу и его «дерзаграм» приходилось очень сложно, поэтому хорватский публицист и выступил с этой статьей, рассчитывая таким образом привлечь внимание к этой проблеме. Геруц предложил основать общество «Советское зерно» (уже третье по счету, после «Русского» и «Кавказского») и сослался на публикацию Крупской в «Правде» от 1923 г., называя ее «программой» по реализации этого проекта. Он рассчитывал, что авторитет Крупской будет способствовать тому, что власти обратят свое внимание на вопрос «посланчества» и помогут с организацией «Советского зерна».

Но и в 1927 г. планам Геруца не суждено было осуществиться. В том же

[223] Там же. С. 13.
[224] Там же.

году его вновь арестовали, привезли в Москву на допросы, где выяснилось, что хорват был арестован «по ошибке». Но за «резкость и настойчивость» Геруц был вновь сослан и весной 1928 г. отправлен в г. Турткуль[225]. Вот что он писал о первых годах своего пребывания в Каракалпакской АССР: «Тут я основал общество «Сад-Огород», проповедовал основание повсюду пригородных хозяйств и на полях севооборот, организовал в мае 1929 года великолепную книжную выставку (получив от Наркомпроса на все расходы только 30 рублей), преподавал в семилетке, стал посылать учеников сельскохозяйственного техникума в Сибирь на производственную практику, но ОГПУ нашло (вероятно, по вине недостаточно осведомленных и сознательных агрономов) в моей агротехнической пропаганде преступление и контрреволюцию и сослало меня вновь (третий раз) в Ходжейли. Тут я завел частные курсы русского языка, основал и вел по поручению Наркомпроса на хлопзаводе №83 школу-семилетку, работал в управлении больницы, был полгода секретарем Кустпромсоюза и целый год райисполкома. Срок моей ссылки кончился 30. III. 1931 года»[226].

Геруц продолжал искать пути осуществления идеи «посланчества и в Средней Азии. Так, в январе 1930 г. он писал из Ходжейли заместителю председателя Совета народных комиссаров РСФСР А. Лежаве о необходимости создания «в достаточном числе и с достаточной квалификацией самых низших кадров сельского хозяйства и промышленных рабочих», для чего он предлагал провести в жизнь все ту же идею «посланчества»: «Все должны знать, что посланчество есть самый короткий, самый дешевый и самый действительный метод поднятия массовой продукции, особенно сельскохозяйственной, и поднятия массовой культуры и что советское строительство может действительно всех победить и всех перегнать, только использовав широко посланческий метод»[227]. Судя по сохранившимся архивным документам, это письмо было передано для рассмотрения в Организационный отдел

---

[225] *Турткуль* – столица Каракалпакской АССР в 1932 – 1939 гг.
[226] ГАРФ. Ф. А-7979. Оп. 12. Ед. хр. 17. Л. 86.
[227] ГАРФ. Ф. Р-1235. Оп. 108. Ед. хр. 498. Л. 5.

Президиума ВЦИК, заведующий которым И. Морозов в ответном письме Геруцу от 22 апреля 1930 г. назвал его идею «интересной и заслуживающей внимания»[228]. Морозов не только не отверг предложение Геруца, но и попросил его сообщить детали плана организации «посланчества»: как оно должно проводиться, где применяться, кто в нем будет участвовать, и какие конкретные задачи оно призвано решать.

Именно в начале 1930-х гг. идеи Геруца получили реальную поддержку на государственном уровне. После окончания срока ссылки в 1931 г. Геруц решил остаться в Средней Азии «на культурной работе». Весной 1933 г. он стал заведующим культсектором при Нукусстрое, а летом того же года возглавил аналогичный сектор в Халкабаде при машинно-тракторной станции. В августе 1933 г. он по приглашению ответственного секретаря Каракалпакского обкома ВКП(б) И. Алиева и директора Хлопкотрактороцентра Г. Квачева вернулся в Турткуль и стал заведовать сельскохозяйственным кабинетом и библиотекой при Наркомате земледелия Каракалпакской АССР (далее – НКЗ ККАССР)[229]. Были созданы две тройки: «посланческая» и «библиотечная» (отвечавшая за «окнижение» каракалпакского населения), в работе которых участвовал сам Геруц и его сторонники.

Во многом реализации идей Геруца способствовала и политика коллективизации, проводившаяся в СССР на рубеже 20-30-х гг. XX в. В марте 1931 г. был издан декрет Наркомата земледелия СССР (далее – НКЗ СССР), в котором речь шла о необходимости направить 60 тысяч колхозных бригадиров на трудовую практику в другие колхозы Союза. Этот декрет и стал для Геруца и его единомышленников в Каракалпакии отправной точкой для реализации «посланческого» проекта. С целью проведения в жизнь положения этого декрета при НКЗ ККАССР было создано «бригадирское посланческое бюро». Геруц направил «Обращение» к Президиуму сессии Центрального исполнительного комитета Каракалпакии, в котором он обратился с просьбой

---

[228] Там же. Л. 1.
[229] ГАРФ. Ф.А-7279. Оп. 12. Ед. хр. 17. Л. 87.

издать постановление о немедленном начале «посланческой» и «библиотечной» кампании. Судя по стилю письма, Геруцу к тому времени уже полностью удалось овладеть революционной риторикой, хотя в его русском языке и в 1930-е гг. встречались «хорватизмы»: «Гениальному Ленину удалось осуществить теорию Маркса, превратить отсталую Российскую империю в передовой Советский Социалистический Союз – в руковода (так в источнике – *М.В.*) всему человечеству для дальнейшего исторического развития»[230]. Доказывая необходимость отправки каракалпакских колхозников на практику, он утверждал, что «они перенесут опыт других, лучших советских колхозников на свои поля, поднимут урожайность, обеспечат осуществление идеала товарища Сталина о зажиточности колхозников и единоличников»[231].

В другом обращении, под которым стоит подпись Геруца, было отправлено из НКЗ ККАССР союзному и прочим республиканским наркоматам земледелия. В нем содержится просьба направить в «образцовые» колхозы «всего хоть одну тысячу наших колхозников и колхозниц на трудовую заработную, годовую и в крайности сезонную производственную практику… Для более точной, братской договоренности необходимо колхозам, пожелавшим шефствовать над каракалпакской молодежью, заполнить и прислать нам особую "шефскую анкету-вопросник"»[232].

И это «Обращение» принесло свои результаты. Шефство над Каракалпакской АССР взял на себя Дзержинский райсовет г. Москвы[233]. В Турткуле был создан специальный «шефский дом», который стал одним из организационных центров «посланчества». Сохранившаяся «Программа» этого дома предполагала не просто отправку колхозников из Каракалпакии на трудовую практику, но и организацию для них экскурсий, ликвидацию неграмотности среди них, «окнижение», «широкий обмен музыкой, спортом, всяким искусством» и даже «ускорение проведения железной дороги

---

[230] Там же. Л. 71.
[231] Там же.
[232] Там же. Л. 75.
[233] Там же. Л. 80.

посредством выпуска специального Каракалпакского железнодорожного займа»[234]. Были отпечатаны анкеты для кандидатов, желавших пройти трудовую практику в колхозах СССР и для «колхозов-шефов», которые принимали у себя практикантов. Вся эта посланческая программа осуществлялась с помощью сельскохозяйственного кабинета НКЗ ККАССР и лично К. Геруца[235]. Он даже пытался привлекать к «посланчеству» такую группу населения, как «уральцы» (члены религиозной секты, сосланных в Среднюю Азию еще в 1870-х гг.). Геруц в одном из своих писем к Н.К. Крупской упоминал их как потенциальных «носителей и европейской, русской культуры и советского строительства», так как все они владели местными языками и были хорошо знакомы с местными природными условиями.

Но в 1934 г. в письмах Геруца к Крупской начинает проявляться недовольство ситуацией, сложившейся в Каракалпакии вокруг «посланчества» и других его проектов. Он писал: «К нам, европейцам, местное население относится враждебно и с презрением...», неприязнь у Геруца вызывали и «здешние националы... отставшие в силу многовекового религиозного и государственного рабства»[236]. Геруц все чаще начинает употреблять по отношению к себе (да и к русскому населению) термин «европейцы», видимо, острее осознавая в среднеазиатских условиях свою европейскую идентичность. Кроме того, далеко не все представители каракалпакских органов власти оказывали поддержку Геруцу с его идеей отправки колхозников на трудовую практику. Он жаловался, что «посланчество колхозников, кустарей и колхозных техников до сих пор не удалось мне при всех моих усилиях наладить», поскольку, кроме него, в Каракалпакии есть только три убежденных сторонника этой идеи: уже упоминавшийся Г. Квачев, главный бухгалтер Сельхозбанка Л. Емельянов и некий агроном Мельников[237]. Геруц жаловался и на действия секретаря Каракалпакского обкома ВКП(б) Алиева и просил

---

[234] Там же. Л. 81.
[235] Там же. Л. 85.
[236] Там же. Л. 99.
[237] Там же. Л. 101.

Крупскую помочь ему его «одолеть». В этом письме содержится целый ряд просьб. Они, в отличие от тех, которые содержались в письмах 1920-х гг., носили уже более конкретный характер (например, просьба отправить телеграмму в Совету народных комиссаров Азербайджанской ССР, чтобы они взяли шефство над Каракалпакией).

Судя по содержанию и тону письма, Геруц, столкнувшись с многочисленными трудностями при реализации своего «посланческого проекта», несколько утратил свой энтузиазм в этом отношении. Он решил окончательно переключиться на хорошо знакомое ему библиотечное дело. Геруц высказывал идею об организации в Каракалпакии Центральной республиканской библиотеки и просил Крупскую о возможности отправиться в командировку в Ташкент, Москву и Ленинград для установления контактов с издательствами, библиотеками и институтами. Из письма также следует, что дочь Геруца работала библиотекарем в одном из технических вузов Ленинграда[238], к которой он собирался переезжать в случае невозможности осуществления своих проектов. После реализации плана по устройства библиотеки в Каракалпакии Геруц выражал желание вернуться «на родину, в Югославию, чтобы там работать на культурной связи Балкан и СССР и чтобы быть авторитетным, живым свидетелем и толкователем советского строительства. Мои сородичи меня давно ждут и несколько раз приглашали приехать как старика домой на отдых. Мне сейчас 76 лет, но я мечтаю, что проживу еще 15-20 лет»[239].

Это письмо Геруца является одним из последних по датировке из выявленных к настоящему времени. Неизвестно, удалось ли ему добиться от Н.К. Крупской дальнейшей поддержки в осуществлении своих проектов, переехал ли он к дочери в Ленинград или вернулся в родную Хорватию, ставшей частью Королевства Югославия. Но, так или иначе, на основании изученных архивных документов, можно сделать вывод, что общественная

---

[238] Там же. Л. 103.
[239] Там же.

деятельность Геруца в советский период была не менее активной, чем до Октябрьской революции. Несмотря на все жизненные испытания, которые Геруцу пришлось перенести в Советской России, он не «сломался» и продолжал активно распространять свои идеи и проекты, уже в новой, советской действительности. И только уже дойдя до преклонного возраста и разочаровавшись во многих сторонах советской жизни, он начал задумываться о переезде в Хорватию. Но, вне зависимости от того, как завершился «советский» период его биографии, можно с уверенностью утверждать, что, благодаря своей энергичности, упорству, готовности переносить испытания, Геруцу удалось и при новом режиме добиться успехов в своей деятельности, что в очередной раз подтверждает всю незаурядность этой личности.

Заключение

Крунослав Геруц прожил долгую, интересную и яркую жизнь. Человек абсолютно разносторонний, он сумел проявить себя в самых разных областях. И так сложились обстоятельства, что Геруц, помимо Хорватии, обрел и вторую родину – Россию, где прожил почти полвека. Он интересовался Россией еще со студенческих времен, а в двадцать восемь лет связал с ней свою судьбу. Он действительно был «хорватским консулом» в Петербурге. Но, оставаясь в душе хорватом, Геруц за столько лет проживания в России (а позже и в СССР) все же «обрусел»: он не просто выучил русский язык, но и занял достойное место в русском, а потом и в советском обществе.

Геруц по праву занимает особое место в развитии хорватско-российских отношений дореволюционного периода. Он внес значительный вклад в развитие русско-славянского книгообмена, несмотря на то, что его предприятие просуществовало всего несколько лет. Но, помимо деятельности в сфере хорватско-российских культурных взаимосвязей, он занимался и политикой. Геруц был талантливым пропагандистом правашских идей и хорватской государственной идеи вообще на территории России. В своих статьях и брошюрах он продвигал правашские идеи, ловко маскируя их под рассуждения о культурном единстве славян под водительством России.

Геруц не покинул Россию и после октября 1917 г., приспособившись к новой действительности. Несмотря на то, что хорватский публицист вплоть до начала 1930-х гг. подвергался преследованиям, он не потерял интереса к жизни и в совершенно новых для него условиях продолжил пропагандировать свои идеи, приспосабливая их к новым реалиям. Ему, вопреки обстоятельствам, не всегда складывавшимся в его пользу, удалось заручиться поддержкой на самом высоком уровне (Н.К. Крупская) и в итоге зарекомендовать себя как убежденного сторонника Советской власти. Если в дореволюционной России Геруц использовал для продвижения своих идей панславистскую риторику, то к началу 1930-х гг. он уже полностью овладел коммунистической фразеологией. Несмотря на свое дореволюционное прошлое и, в частности, на опыт работы в Государственной думе Российской империи, ему удалось, пройдя через многие испытания, добиться реализации своих стремлений (пусть и частично) на уровне исполнительной власти Каракалпакии. Мало кому из общественных деятелей России дореволюционной эпохи удалось после 1917 г. не просто сохранить жизнь в новых условиях и в новой стране, не просто приспособиться к новым условиям, но и так органично в нее вписаться.

В связи с этим можно дополнить определение, данное Геруцу болгарским историком С. Елдыровым, назвавшим его «посредником между тремя славянскими культурами». Геруц также стал посредником между дореволюционной Россией и Советским Союзом, пытаясь использовать свой прежний опыт в новых условиях. Жизнь и деятельность Крунослава Геруца как в дореволюционный, так и в советский периоды заслуживает глубокого и серьезного исследования, и хочется надеяться, что в с течением времени в биографии этой, несомненно, примечательной личности, больше не останется «белых пятен».

СПИСОК ИСТОЧНИКОВ И ЛИТЕРАТУРЫ

Архивные источники

1. Архив внешней политики Российской Империи (АВПРИ). Ф. 146.
2. Государственный архив Российской Федерации (ГАРФ). Ф. А-7279, Р-1235.
3. Отдел рукописей Российской национальной библиотеки (ОР РНБ). Ф. 120, 452, 608, 621, 627.

Опубликованные источники

1. *Геруц К.* Две беседы о «Русском Зерне» – обществе для содействия подъему народного хозяйства. Пг., 1909.
2. *Он же.* О Думской библиотеке. Несколько слов о задачах и об устройстве библиотеки Государственной Думы. Пг., 1909.
3. *Он же.* Всеславянство и Хорватия. Пг, 1914.
4. *Крупская Н.К.* Педагогические сочинения. Т.8. М., 1960.
5. *Филиппов М.М.* М.Д. Скобелев. Его жизнь и деятельность, военная, административная и общественная. СПб., 1894.
6. *Он же.* Хорваты и борьба их с Австрией. Пг., 1890.
7. Hrvatska svjedočanstva o Rusiji. Zagreb, 1945.

Периодические издания

1. Власть Советов. Москва, 1927 (отдельный номер)
2. Разведчик. СПб., 1890 (отдельный номер)
3. Рассвет. СПб., 1905 (отдельный номер).
4. Санкт-Петербургские ведомости. СПб., 1905 (отдельный номер).

5. Славянские известия. СПб., 1883–1916 (отдельные номера).

6. Хутор. СПб., 1906–1915 (отдельные номера).

7. Novosti. Zagreb, 1907–1941 (отдельный номер).

Монографические исследования

1. *Айрапетов О.Р.* Внешняя политика Российской Империи (1801–1914). М., 2006.

2. Международные отношения на Балканах. 1856–1878. М., 1986.

3. *Филиппов Б.М.* Тернистый путь. Жизнь и деятельность русского ученого и литератора М.М. Филиппова. М., 1969.

4. *Елдъров С.* Нашият специален дописник съобщава… Хърватският корреспондент и доброволец Крунослав Херуц за България и българите. София, 2005.

5. *Gross M.* Izvorno pravaštvo: ideologija, agitacija, pokret. Zagreb, 2000.

6. *Matković St.* Čista stranka prava 1895–1903. Zagreb, 2001.

7. *Očak I.* Hrvatsko-ruske veze. Druga polovica XIX i početak XX. stoljeća. Zagreb, 1993.

8. *Pavličević D.* Povijest Hrvatske. Zagreb, 2007.

Научные статьи

1. *Ващенко М.С.* «Хорватский консул» в Петербурге. Крунослав Геруц и его пропаганда в России // Родина. 2010. № 4. С. 59–62;

2. *Он же.* Проблема авторства монографии «Хорваты и борьба их с Австрией»: к вопросу о пропаганде хорватской национальной идеи в России // Славяноведение. 2011. № 3. С. 69–76.

3. *Метревели О.* Владикавказ: начало двадцатых // Дарьял. №2. 2004. С. 80–101.

4. *Порочкина И.М.* Сербские, хорватские и словенские книги в личной библиотеке Л.Н. Толстого // Русско-югославские литературные связи. Вторая половина XIX – начало XX вв. М., 1975. С. 303–314.

5. *Ровнякова Л.И.* Русско-славянский книжный магазин в Санкт-Петербурге (1887–1893) // Зарубежные славяне и русская культура. Л., 1978. С. 82–105.

6. *Фирсов Е.Ф.* Словацко-русское общество памяти Людевита Штура в России и идея славянского единства // Славянский вопрос. Вехи истории. М., 1997. С. 162–165.

7. *Он же.* Югославяне К. Геруц и Л. Тума – создатели и меценаты славянских культурных обществ в прежней России // Югославянская история в новое и новейшее время. М., 2002. С. 177–185.

8. *Он же.* Кавказские гуманитарные проекты хорватского деятеля в России К. Геруца (по чешским архивам) // Австро-Венгрия: Центральная Европа и Балканы (XI–XX вв.). СПб., 2011. С. 395–405.

9. *Елдъров С.* Хърватски доброволци в българската армия по време на сърбско-българската война през 1885 г. // Военноисторически сборник. 2005. №3. С. 12–16.

10. *Он же.* Крунослав Геруц (1859–1929) – «посредник» между двумя славянскими культурами // Славянский альманах 2008. М., 2009. С. 81–96.

11. *Flaker Aleksandar.* Tolstojeve „Pučke pripovijesti" u Hrvatskoj // Flaker Aleksandar. Književne poredbe. Zagreb, 1968. S. 318–330.

12. *Očak I.* Krunoslav Heruc, pobornik hrvatsko-ruskih veza potkraj XIX i na početku XX stoljeća // Historijski zbornik. 1984. XXXVII. S. 139–163.

Справочная литература

1. Hrvatska enciklopedija. Sv. 5. Zagreb, 1945.
2. Hrvatska enciklopedija. Sv. 3. Zagreb, 2001.
3. Visoki oficiri Ličani. Lički zbornik 1940. Godina 81–86. Gospić, 1939.